公認心理師の基礎と実践 ②

野島一彦・繁桝算男 監修

心 理 学 概 論

繁桝算男 編

遠見書房

巻頭言

心理学・臨床心理学を学ぶすべての方へ

公認心理師法が 2015 年 9 月に公布され，2017 年 9 月に施行されました。そして，本年度より経過措置による国家資格試験が始まります。同時に，公認心理師の養成カリキュラムが新大学 1 年生から始まります。

現代日本には，3 万人を割ったとは言えまだまだ高止まりの自殺，過労死，うつ病の増加，メンタルヘルス不調，ひきこもり，虐待，家庭内暴力，犯罪被害者・加害者への対応，認知症，学校における不登校，いじめ，発達障害，学級崩壊などの諸問題の複雑化，被災者への対応，人間関係の希薄化など，さまざまな問題が存在しております。それらの問題の解決のために，私たち心理学・臨床心理学に携わる者に対する社会的な期待と要請はますます強まっています。また，心理学・臨床心理学はそのような負の状況を改善するだけではなく，より健康な心と体を作るため，よりよい家庭や職場を作るため，あるいは，より公正な社会を作るため，ますます必要とされる時代になっています。

こうした社会状況に鑑み，心理学・臨床心理学に関する専門的知識および技術をもって，国民の心の健康の保持増進に寄与する心理専門職の国家資格化がスタートします。この公認心理師の養成は喫緊の非常に大きな課題です。

そこで，私たち監修者は，ここに『公認心理師の基礎と実践』という名を冠したテキストのシリーズを刊行し，公認心理師を育てる一助にしたいと念願しました。

このシリーズは，大学（学部）における公認心理師養成に必要な 25 科目のうち，「心理演習」，「心理実習」を除く 23 科目に対応した 23 巻からなります。私たち心理学者・心理臨床家たちが長年にわたり蓄えた知識と経験を，新しい時代を作るであろう人々に伝えることは使命であると考えます。そのエッセンスがこのシリーズに凝縮しています。

このシリーズを通して，読者の皆さんが，公認心理師に必要な知識と技術を学び，国民の心の健康の保持増進に貢献していかれるよう強く願っています。

2018 年 3 月吉日

監修者　野島一彦・繁桝算男

■ はじめに

　本書は，公認心理師になろうとする人がもつべき必須の心理学の知識をわかりやすく説明することを目指している。公認心理師は，日本でははじめての心理学の国家資格である。公認心理師法では，公認心理師を，概略次のように説明している。

> 「公認心理師」とは，公認心理師登録簿への登録を受け，公認心理師の名称を用いて，保健医療，福祉，教育その他の分野において，心理学に関する専門的知識及び技術をもって，次に掲げる行為を行うことを業とする者をいう。①心理に関する支援を要する者の心理状態の観察，その結果の分析，②心理に関する支援を要する者に対する，その心理に関する相談及び助言，指導その他の援助，③心理に関する支援を要する者の関係者に対する相談及び助言，指導その他の援助，④心の健康に関する知識の普及を図るための教育及び情報の提供。

　このように，非常に広い分野をカバーする形で公認心理師が定義されている。心理に関する支援を要するものは，保健医療だけではなく，福祉，教育，また，企業一般など社会のいたるところに存在する。支援を必要とする人を前にして，その人のためになる実践の形はさまざまであろう。そして，どのような支援がよいかについては，実践的な訓練，先輩からの教えなどから学ぶことが多いが，そのような多様な実践の基盤をなすのが，科学的な心理学の思考法であり，知識である。心理学の先端的知識が，実践に直接的に役に立つとは限らないが，再現性のある科学的知識は，何らかの形で，実践家を支え，示唆を与えるはずである。本書は，科学的心理学の体系において，人間心理の深い理解に関わる部分を重点的に整理し解説することを目指している。

　本書は，公認心理師になるための必要な科目としてリストアップされている心理学概論に対応している。心理学概論には，①心理学の成り立ち，②人の心の基本的な仕組み及び働きが含まれている。本書全体を習得することを通して，心理学がどのように発展し，現在ではどのような位置にあるかについて理解し，心理現象について，その因果的な説明ができるようになることを目指している。心理学の扱う領域は多岐にわたり，公認心理師カリキュラムにおいても，多数の科目が設定されている。本書は，その広範な学問領域の見取図を得られるように章立

てを構成した。本書を足がかりとして，さらに学習を深めていってほしい。

　公認心理師になるには試験に合格する必要がある。しかし，本書は，どのような試験が出るのかを予想し，それに対して対策をするという受け身的なねらいで書かれているわけではない。章を担当する著者は，それぞれ担当する章に関連する専門分野において先端的な研究をしている方たちである。そのような著者が，公認心理師となり，社会に出て活躍するうえで，心理学概論においてどのような知識を身につけてほしいか，またどのような知識が試験において問われるべきかを示すという気概をもって執筆にあたっていただいた。それがどの程度実現されているのか，本書を読んで勉強してくださる読者からぜひご意見をいただきたい。本書が幸いに多数の読者を得て，版を重ねることによって将来さらに内容をよい方向にアップデートしていくことを念願している。

　2018 年 3 月吉日

繁桝算男

■目　　　次

公認心理師の基礎と実践

第 2 巻　心理学概論

心理学の歴史と成り立ち

サトウタツヤ

Keywords　フェヒナー，ヴント，元良勇次郎，精神物理学，民族心理学，近代心理学，近代心理学の三大批判潮流

Ⅰ　心理学の前史

　心理学が学問として成立する前は，心についてどのように考えられていたのだろうか。哲学的な関心からのアプローチや，狂人[注1]・発達遅滞者の扱いを考えるアプローチがあった。

1．心理学の起源

　人間の心についての学問的な関心の過去は長い。古代ギリシャの哲学者アリストテレス Aristotelēs の『霊魂論』や『自然学小論集』の中には「知覚と知覚されるもの」「記憶と回想」という内容が扱われていた。

　ギリシア語で魂を意味する psyche と理法を意味する logos とからなる Psychology という語が現れたのは 16 世紀である。西洋においては 4 世紀末にキリスト教の権威が確立し，カトリック教会の力が国家にまで及んだこともあり，4 世紀からの約 1000 年間を中世と呼ぶ。中世が終わりを告げる頃に Psychology という語も生まれたのである。

　18 世紀になるとヴォルフ Wolff という哲学者による『経験的心理学』（1732 年）や『理性的心理学』（1734 年）という著作が現れるようになった。

注 1)　歴史的な事象を示すために，狂人，痴呆，白痴など当時の表現を記載している。

表 1　ピネルによる精神病の分類

1）メランコリー（mélancholie）	憂鬱
2）デリールを呈さないマニー（manie sans délire）	精神機能低下のない精神昂進
3）デリールを呈するマニー（manie）	精神機能低下の見られる精神昂進
4）デマンス（démance）	痴呆
5）イディオティズム（idiotisme）	白痴

（注）　なおここでデリールとは知能・思考・感情・行動などの精神機能の低下や偏りのことである。デリールの有無にかかわらずマニーを 1 つとして考えれば，4 つである。

2．狂気へのまなざしの変容

　少し目を移して狂人の扱いを見てみよう。

　キリスト教が力をもっていた中世においては，悪魔が人間や動物を使って悪のわざを行うことが信じられるようになった。そして，魔女狩りと呼ばれる行為が 15 世紀からになってさかんになっていた。こうした魔女たちの中には今日でいう精神病患者が含まれていたと考えられる。

　魔女たちを解放する運動と同時に，精神病を対象とする医学も発展してきた。最も有名なのはフランスの内科医・ピネル Pinel である。ピネルは folie（狂気）を aliénation mentale（精神病）と呼ぶことにしたのである。ちなみに，ピネルが 1798 年に出版した著書は精神病の分類についてのものであり，そのタイトルは『哲学的分類，すなわち医療に適用される分析方法』であった（表 1）。

3．感覚生理学による心の理解

　化学者ドルトン Dalton が色覚異常の研究を開始（1794 年）して，いわゆる「色盲」者の存在を明らかにした。医師で物理学者のヤング Young が色覚の三原色説を提唱（1801 年）するなど，感覚を対象にする生理学（感覚生理学）がさかんになっていった。このことは生理学の手法を用いて心理学的な研究を行う生理学的心理学の成立を促し，ひいては近代心理学成立の基盤となった。

4．進化論

　ダーウィン Darwin は大学を卒業した年（1831 年）に，世界一周を敢行するイ

ギリス海軍の測量船ビーグル号に乗船する機会を得た。

　ダーウィンの有名な書『種の起源』（1859年）は正確に訳すなら『自然選択，すなわち生存闘争において有利な競争が存続することによる，種の起源について』というものであり，世代交代の中で生存闘争や自然選択が働くということを述べたものである。

　ダーウィン自身は進化ということを積極的に論じることはせず，『人間の由来』（1871年）の中で人間の進化について論じたのであった

■ II　近代心理学の成立

　19世紀中頃以降，精神物理学と民族心理学という2つの学問が現れ，ヴント Wundt の近代心理学につながっていく。同時代の心理学者としてはウィリアム・ジェームズ James がいる。

1．精神物理学と民族心理学

　感覚の問題に関心をもった生理学者・ウェーバー Weber が「相対弁別閾一定の法則」を見出した。2つのオモリの重さを比べたとき，その違いがわかる重量（弁別閾）は絶対的なものではなく相対的なものだということである。オモリの重さが30gのときの弁別閾が1gであれば，150gのときも同じ重量（1g）なのではなく，その弁別閾は5gとなるのである。

ウェーバー

　ウェーバーの関心を引き継いだのがフェヒナー Fechner である。彼は，感覚をE，刺激をIと表し，定数をcとするとき，「$E = k \log I + c$」となるとする後にフェヒナーの法則と呼ばれる考え方を提唱した。彼は恒常法，極限法，調整法などの実験法を工夫してさまざまなデータを収集したうえで彼の考えを進めており，その方法も多くの人々に利用されるようになった。1860年には『精神物理学要綱』を出版した。

フェヒナー

　この精神物理学というパラダイムは，ヴントの実験心理学へとつながっていく。

　さて，『精神物理学要綱』が出版された同じ1860年にドイツにおいて『民族心

ヴント

理学と言語学雑誌』が創刊された。この雑誌では，人間は生まれながらにして社会的存在であり，精神を創造していく存在であると規定し，こうした観点から書かれた論文を掲載していた。ヴントはこの雑誌の熱心な読者であった。

　これらの 1960 年に起きた 2 つの出来事に影響を受けたのがドイツのヴントであり，彼を中心にした人々が近代心理学を作り上げていくのである。

2．近代心理学の成立

　1874 年，心理学史上の転換点となる 2 つの著書が発刊された。ヴント（Ⅱ節 1 参照）による『生理学的心理学綱要』とブレンターノ Brentano による『経験的立場からみた心理学』である。ヴントが重視した実験という方法を用いた心理学の提案は，少なからぬ人々に受け入れられ，心理学という学問をそれまでとは違う新しい学問の形成へと導くことになった。

　ヴントは 1875 年にドイツ・ライプツィヒ大学の哲学教授となり，独立した学科目としての心理学の整備をしていく。1879 年にはいわゆる「心理学実験室の開設」が行われた。この実験室で人々は新しい学問を学び，さまざまな国に新しい心理学を伝えていった。

　初期のドイツ・心理学の顕著な業績はエビングハウス Ebbinghaus による記憶の研究である。彼は無意味綴りを用いて，記憶の保持について研究を行い，忘却曲線を明らかにした（1895 年）。

　ヴントと同時期のアメリカには生理学から心理学に興味を移したジェームズが現れ『心理学原理』（1890 年）を著し，大きな影響を与えた。彼は「悲しいから泣くのではなく，泣くから悲しい」として知られる情動の末梢神経説（ジェームズ゠ランゲ説）や主体としての自己と客体としての自己（I と Me）の区別をしたことで知られる。さらにヴントのもとで心理学を学んだホール Hall がアメリカで心理学を発展させた。1880 年には児童研究を開始し，全国的な規模の児童研究協会を発足させた。この運動はイギリスやフランスなどにも広まり，児童心理学の普及の礎となった。

ジェームズ

III　世紀転換期（19 〜 20 世紀）の心理学の広がり ——基礎実験，臨床心理，心理検査，教育心理，社会心理

　19 世紀の中頃以降に成立した心理学を近代心理学と呼ぶ。おもにヴントのもとで学んだ若い学者たちが心理学の領域を広げていった。そして，実験心理学，臨床心理学，教育心理学，社会心理学などが形成されることになった。

1．実験心理学

　ヴントのもとで学んだティチナー Titchener は，アメリカ・コーネル大学で心理学における実験という方法論をより体系的に整備した。彼が著した『実験心理学』（1901 〜 1905 年）は 2 冊がインストラクター用，2 冊が学生用になっており，いわゆる基礎実験や実験実習のひな形を作った。

ティチナー

2．臨床心理学

　1896 年には，アメリカのウィトマー Witmer がペンシルバニア大学に心理学クリニックを開設した。彼はヴントのもとで博士号を得た後に帰国し，公立学校の教師向けに児童心理学のゼミを開講したことから，学習困難児童に関心をもつようになったのである。1907 年には *The Psychological Clinic* という学術誌を創刊した。

3．教育心理学と知能検査

　アメリカではジェームズの考え方の根本にある機能主義（心の働きを研究する志向）や彼が教師のために書いた著書『教師のための心理学』（1899 年）の影響を受け，教育心理学が芽生えた。ソーンダイク Thorndike はネコの研究から，試行錯誤学習を唱えた。ネコはうまくいった行動を繰り返す（効果があることを行う）ことになるため，効果の法則を発見した。彼は 1903 年に最初の教育心理学のテキストを刊行した。また，学習の成果について質的な評価（優良可）とは別に，量的な測定も可能だとして教育測定運動を主導した。なお，ドリル学習の考案者もソーンダイクである。

ビネー

　　1905 年には，実用的な知能検査が開発された。開発したのはフランスのビネー Binet である。彼は高次精神過程（思考・判断・推理・記憶等）に着目し，また，子どもが年齢を経るに従って賢くなるという現象に着目して 30 の項目からなる実用的な知能検査を発表した。この検査はビネー自身によって何度か改訂されただけでなく，世界中の国で翻案されて実用化された。このうちアメリカではビネーの最初の理念である個人をよりよく理解して支援するための知能検査という考え方が蔑ろ（ないがしろ）にしてしまった観がある。アメリカの心理学者ターマン Terman は1916 年にスタンフォード・ビネー式知能検査を開発したが，そのときに結果の表現を知能指数に改めた。知能指数は「精神年齢÷生活年齢× 100」で算出されるものでドイツのシュテルン Stern が提案したものであった。さらに，アメリカではアメリカ陸軍で集団式知能検査が開発された。開発したのはヤーキーズ Yerkes であり，成人向けの集団知能検査の開発はビネーの考えとは異なっていたが圧倒的に利用され，アメリカ陸軍だけでも 175 万人が知能検査を受けたという。アメリカの知能検査はさらにビネーの意図を外れていき，1939 年にはウェクスラー Wechsler が新しいタイプの知能検査を開発し，知能偏差値という考え方を導入した。

4．社会心理学

　1908 年に，心理学者マクドゥーガル McDougall が『社会心理学入門』を，社会学者のロス Ross が『社会心理学』を，それぞれ出版し，社会心理学の始まりとされる。

IV　近代心理学の批判的継承——三大批判潮流としての精神分析（心理療法），行動主義（行動療法），ゲシュタルト心理学

　ヴントによって成立をみた近代心理学（意識を対象にしており，その意識を要素に分けて考える要素主義である）を乗り越えていこうとする学派がいくつか現れた。精神分析，行動主義，ゲシュタルト心理学である。

1．精神分析

　意識ではなく無意識について考えようとしたのが精神分析である。精神分析は 19 世紀の末から 20 世紀かけて発展した分野である。その立役者はオーストリアの医師・フロイト Freud である。その著書『ヒステリー研究』（1895 年）では転移という概念が提唱された。1900 年には精神分析の名著として知られることになる『夢の解釈（夢判断）』が出版された。彼の考えはけっして好意的に受け止められていたわけではないが，1908 年にはザルツブルクで第 1 回国際精神分

フロイト

析学会が開催され，アドラー Adler，ブロイラー Bleuler，ユング Jung など 42 名が参加するまでに広がりを見せた。医師と患者の関係を治療同盟と呼んだり，抑圧（自我を脅かす願望や衝動を意識に上らせずに意識下に押し留める機能）などの重要な概念も生み出しつつ，フロイトは 1917 年に『精神分析入門』を出版した。彼は日常生活での錯誤（たとえば言い間違い），夢，神経症（の症状）をある種の連続体（スペクトラム）としてとらえる学説を提唱した。精神分析は神経症を治療するための心理療法を準備したが，それは簡単にいえば言語コミュニケーションのみで行えるものであり，このあとに心理学から派生することになる心理療法の 1 つのモデルとなった。

2．行動主義

　（精神分析と同じく）意識を対象とすることに異を唱え，（精神分析が無意識を研究しようとしたのとは異なり）行動を研究対象にすべきだとしたのが行動主義である。シカゴ大学の大学院で比較心理学の領域で博士号を得た後にジョンズ・ホプキンス大学で准教授となったワトソン Watson は，1913 年にいわゆる「行動主義宣言」でその立場を明確にした。彼は，それまでの心理学が，意識を対象にした研究であることと，その研究手段として言語を用いていたことについて批判し，心理学は自然科学の一部門として行動を対象として研究すべきであるという姿勢を前面に打ち出した。ワトソンが参考にしたのがロシアの生理学者パヴロフ Pavlov が行ったレスポンデント条件づけの研究である。パヴロフは唾液腺の研究のために，イヌの首に手術をして管を取り付けて，唾液の分泌が外から見え

ワトソン

るようにした。すると，エサをもってくる飼育係の足音を聞いただけでも，イヌの唾液が分泌されることにパヴロフは気づいた。ここからパヴロフは条件づけのメカニズムを発見した。ワトソンはその研究姿勢に影響を受け，行動のみを対象に心理学の研究が可能であることを主張したのである。また，彼は乳幼児の行動レパートリーの習得過程の研究を行っており，アルバート坊やと呼ばれる子どもが，もともとは恐れていなかったものを恐怖対象として「学習」することを見出した。彼の行動主義宣言は心理学の世界に大きなインパクトを与え，新行動主義を通じて認知心理学までにも影響したと考えられる。

　なお，パヴロフは実験神経症という現象を，ワトソンは恐怖情動の条件づけという現象を，それぞれ見出した（作り出した）が，これは逆に考えるとそうした現象を消失させるプロセスを見出すことを意味するから，行動療法の源流を創出することになった。

3．ゲシュタルト心理学

　近代心理学における要素主義に異を唱えたのがゲシュタルト心理学である（ゲシュタルトとは形態や全体という意味をもつドイツ語である）。メロディーの質について考えていたエーレンフェルス Ehrenfels はメロディーを構成するのはそれぞれの音であるが，同じ音を使っても同じメロディーになるわけではなく，メロディーがメロディーとして構成されるには音と音のつながりが重要だとして，こうした性質のことをゲシュタルト質と呼んだ。

　ベルリン大学のウェルトハイマー Wertheimer は，視覚に関してゲシュタルトの重要性を唱えた。彼が焦点をあてたのは仮現運動という現象である（1912 年）。踏切の 2 つのライトの点滅が移動に見える場合がある。物理的には 2 点の点滅にすぎないにもかかわらず「1 つの点の移動」という質の違うものを知覚したことになるのだが，2 つのライトの間には何もないので移動の軌跡を見ているわけではないことがわかる。つまり，移動の知覚は，単純な物理的刺激には還元されない，ということがゲシュタルト心理学の主張である。ゲシュタルト学派は，その初期において，ウェルトハイマーを中心として，コフカ Koffka，ケーラー Köhler，レヴィン Lewin が集まった小さなサークルであったが，ケーラーによる洞察学習

の発見（『類人猿の智恵試験』〔1917年〕）などを生み出した。その精神を一言で表せば「全体は部分の総和以上のものである」ということである。後に，ゲシュタルト心理学を学んだアメリカの精神科医ベンダー Bender が精神病者や子どもにおいてゲシュタルトの崩壊や形成がどのように見られるのかを研究し，それを検査として用いることを提唱した。この検査はベンダー・ゲシュタルト検査と呼ばれ，第二次世界大戦時の戦傷兵士を理解するための神経心理学的検査として重用されることになる。

V　第1次世界大戦前後の心理学
──応用領域と三大批判潮流の展開

　近代心理学の足腰を強くした，精神分析，行動主義，ゲシュタルト心理学がさかんになった頃，応用心理学の領域も大きく広がった。

1．応用心理学

　応用心理学の基礎を作ったのはミュンスターバーグ Münsterberg である。彼はヴントのもとで学んだ後，アメリカのハーバード大学で新設の応用心理学講座の教授となった。表2のように，多くの応用領域の著書を公刊している。

2．精神衛生と非行臨床

　近代化が進む先進諸国たとえばアメリカでは，精神衛生の問題や若者のキャリアや非行について興味がもたれるようになった。

　アメリカでは，ビアーズ Beers が 1908 年に『わが魂にあうまで』を発刊した。彼は 24 歳のときに精神的な衰弱を経験して入院し，そのときの経験を著書として出版した。心理学者・ジェームズが彼を支援し，精神医学者・マイヤー Meyer も理解を示し，精神病患者の困難な状況を好転させるための活動の総体を「精神衛生」と呼ぶことを提案した。

　20 世紀に入ってからのアメリカにおける急速な工業化は若者の職業選択とその維持を困難にしたこともあり，職業補導（ガイダンス）が必要だという認識が広まっていった。また，ヒーリー Healy を中心に非行少年に関心がもたれるようになったのも 1910 年代であった。

表 2　ミュンスターバーグの著書とその領域

法と心理学	『証言台にて』（1908 年）
臨床心理学	『心理療法』（1909 年）
教育心理学	『心理学と学校の先生』（1910 年）
キャリア心理学	『職業と学習』（1912 年）
産業心理学	『心理学と産業効率』（1913 年）
映像心理学	『映画劇』（1916 年）

3．戦争と心理学

　第 1 次世界大戦が起きると（1914 年），戦争と精神衛生についても関心をもたれるようになった。第 1 次世界大戦は毒ガスや戦車といった新兵器が登場しただけではなく，長期の塹壕戦として知られており，兵士は塹壕に潜んで相手の爆撃を耐えねばならず，その精神状態の悪化は「シェルショック（砲弾ショック）」として認識されるようになった。この状態はヒステリーの一種ではないかと疑われ戦争神経症と呼ばれることになり，精神分析が適用された。

　アメリカでは，兵士の戦闘中の情動的攪乱の発生を減らすための努力からパーソナリティを簡便にとらえるテストの作成への関心が高まり，ウッドワース Woodworth によって「個人データシート」という名称で尺度が開発された。

　戦争神経症への対応は各国で行われ，たとえばフランスやオーストリアでは電気ショックを与えることで兵士の戦争神経症を治療する試みが行われた。ロシアでは後に第 2 次世界大戦が始まるとルリア Luria が戦争神経症への対応に従事した。

Ⅵ　第 2 次世界大戦前の心理学
——心理学の広がり，臨床心理学の展開

　第 2 次世界大戦の足音が聞こえる 1930 年代には，心理学もさらに発展することになった。新行動主義，精神分析（自我・社会），（ゲシュタルト心理学流の）社会心理学であり，また臨床心理学がアメリカで発展を遂げつつあった。

1. 新行動主義

　新行動主義は，ワトソンの行動主義に影響を受けてそれを発展させようとしたものである。ハル Hull は仮説演繹的な説明を重視し習慣強度や反応ポテンシャルなどの概念を用い，さらに強化の動因低減説を唱え 1943 年に『行動の原理』を出版した。トールマン Tolman は巨視的な視点からの行動主義を標榜し，目的的行動を重視した。期待や仮説，信念，認知地図などの媒介変数を積極的に導入したことにより，後の認知心理学の発達への道筋をつけた。スキナー Skinner は，レバーを押すとエサが出てくるような仕組みをもつ問題箱（後にスキナー箱と呼ばれる装置）を開発し，その箱におけるハトのレバー押し行動を対象に研究を行った。また，行動には 2 つのタイプ（レスポンデントとオペラント）があるのではないかとする分類を提案した。スキナーのオペラント条件づけは行動修正や行動形成という形で臨床心理学にも取り入れられることになった。

2. 精神分析（自我心理学）

　精神分析は，創始者フロイトから袂を分かったアドラーやユングがそれぞれの考えに基づいて理論や技法を発展させたが，それ以外に，フロイト直系の弟子筋の研究も発展した。イギリスでは，子どもを対象にした精神分析が発展した結果，論争が起きた。クライン Klein は幼い子どもにも転移が生じること，子どもの遊びは成人の自由連想に匹敵することを主張した。フロイトの娘，アンナ・フロイト Anna Freud は，エディプス葛藤を経験しない時期の子ども（3 歳以下くらい）は自我が発生しないため，子どもに対する精神分析は有効ではないと主張した。イギリスではこの両派の対立が激しくなったため，ウィニコット Winnicott を中心に中間派（独立派）も存在した。アメリカでは自我心理学と呼ばれる自我の働きに注目する人々が現れた。エリクソン Erikson は発達課題という考え方を打ち出し，青年期の課題が自我同一性の確立と同一性拡散の対立にあるとした。

3. ゲシュタルト社会心理学

　ゲシュタルト心理学においては，おもな人物がすべてナチスの支配を逃れてアメリカに移住することになり，とくに最年少者のレヴィンが 1930 年代以降，社会心理学においてユニークなアイディアを次々と打ち出して研究を推進した。レ

レヴィン

ヴィンはアメリカに亡命（1933 年）すると，少年を対象にしたリーダーシップ研究を行った（1939 年）。リーダーが「民主型」「専制型」「放任型」であるとき，その活動はどのような影響を受けるのか，という研究である。民主型リーダーの集団ではメンバー同士が比較的協力して楽しみながら活動していたことなどがわかった。1943 年には，マサチューセッツ工科大学にグループ・ダイナミクス研究所を設立するために尽力し 1945 年に所長となった。

4．臨床心理学

　臨床心理学も 1930 年代までに発展の基礎を築いた。アメリカ心理学会（APA）の会員を例にとってみると，1916 年に APA 会員の多数派はカレッジ（地域の短大）とユニバーシティ（大学）の教師であり，応用的地位についていたのは 10 分の 1 に満たなかったのだが，1930 年代半ばまでに 3 分の 1 以上が臨床，学校，人事，産業，コンサルティング，調査といった応用心理学の職に就くようになっていた。APA は「臨床心理学者のための訓練基準」設定のための特別委員会を設置した（1931 年）。

　臨床心理学の定義は，臨床心理学者が何をしているかという側面からも定義できる。ルティット Louttit は 111 名の臨床心理学者を対象に質問紙調査を行い，実際にどのような活動に従事しているのかについて回答を求めた（1939 年）。表 3 に見るように，最も多いものは心理検査であり，8 割を超えていた。一方で心理療法に携わっている者は 3 割強であった。

　カウンセラーという用語は，ロジャーズ Rogers の 1940 年の論文「セラピーのプロセス」においてはじめて使われたとされる。彼は『カウンセリングと心理療法』（1942 年）を出版したが，この書は，クライエントという語がはじめて用いられたこと，実際のカウンセリング場面の逐語録が掲載されたことでも知られている。（ヨーロッパでは患者に対する治療が行われていたのに対し）アメリカではロジャーズによって，対人援助サービスとしての心理カウンセリングが発展していくことになる。

表3　ルティットによる臨床心理学者が従事している活動（上位6種）

活動	人	％
心理測定	96	86.5
教育指導	81	73.0
職業指導	77	69.4
診断面接	72	64.9
矯正教育	49	44.1
心理療法	39	35.1

Ⅶ　第2次世界大戦後の心理学

　第2次世界大戦後，名実共に心理学の中心地はアメリカに移った。1950年代に，認知心理学の萌芽が見られ，性格の分野では特性論が発達した。社会心理学では人間の本質に関する研究がいくつか行われた。研究倫理に関する関心も高まった。

1．認知心理学

　情報理論を心理学に取り入れることで認知心理学が勃興した。ミラー Miller の「マジカルナンバー7」はその象徴的な論文となった（1956年）。認知心理学は，ミラーらの『プランと行動の構造』（1960年）が基盤を固め，ナイサー Neisser の『認知心理学』（1967年）によって，その領域が明確になったといえる。行動主義によって推し進められていた学習に関する研究についても認知要因を重視する研究が現れた。バンデューラ Bandura による社会的学習の研究である（1963年）。彼は模倣によって攻撃行動が学習されること，その際に本人とモデルの関係の認知が重要であることを示した。やや時代が下るが，トヴァスキー Tversky とカーネマン Kahneman が認知的ヒューリスティックの研究を開始して，のちに行動経済学と呼ばれる分野の嚆矢となった。

2．性格研究（特性論）

　性格の理解は古くはヨーロッパで類型論的な考えがさかんだったが，アメリカ

では特性論的な考え方が勃興した。第 2 次世界大戦の前に開発された MMPI（ミネソタ多面人格尺度）は，精神衛生や異常心理学の関心に基づいて作られた。1952年に発表されたアイゼンク Eysenck の性格尺度（1952 年）は，類型論と特性論を統合しようとしたものである。

　1950 〜 60 年代にかけて，正常な成人・児童の性格をとらえる尺度が多く開発されるようになった。EPPS（エドワーズ個人選好尺度：Edwards Personal Preference Schedule, 1957 年），16PF（16 因子性格質問紙：The Sixteen Personality Factor Questionnaire，1957 年）などである。特性論は，因子分析という手法と性格研究との結びつきによって成り立っていたが，ミッシェル Mischel が提起した「人か状況か論争（一貫性論争）」（1968 年）によって大きな疑問を呈された。パーソナリティ因子よりも状況の方が個人の行動を予測できるのではないか，という議論である。

3．（実験）社会心理学

　フェスティンガー Festinger による認知的不協和理論の提唱（1957 年）は，社会心理学が行動主義から認知社会心理学へと転換した分岐点の 1 つであった。その後，アッシュ Asch による集団圧力と同調性の研究（1956 年），シャクター Schachter とシンガー Singer による情動の認知的規定因に関する研究（1962 年），アッシュの学生であったミルグラム Milgram による服従の研究（1963 年），ニューカム Newcomb の準拠集団についての研究（1967 年），ジンバルドー Zimbardo の監獄実験（1971 年），などが次々と行われた。レヴィンの教えを受けたバーカー Barker は社会心理学に生態学的な視点が重要だと指摘（1968 年）した。

4．臨床心理学

　1960 年代になると，行動主義や精神分析的な心理学に対して，それを乗り越えようとする考え方も現れてきた。マズロー Maslow が中心になって展開した人間性心理学は，哲学における現象学と歩調を合わせて成長したもので，快や自己実現を基本にした動機づけを重視した。マズローは『人間性の心理学』（1954 年）を刊行した。マズローの自己実現理論，ロジャーズのクライエント中心療法，パールズ Perls のゲシュタルト療法，がその中核であり，21 世紀のポジティブ心理学にもつながる考え方である。後にポジティブ心理学の主唱者となるセリグマン

Seligman は 1960 年代後半に学習性無力感の理論を提唱し，後にはうつ病の認知行動論的な介入を可能にする理論となった。

■ VIII　日本の心理学史

　日本に心理学という学問体系が導入されたのは，明治維新以後である。まず，西 周 が『心理学』という翻訳書を出版したのは明治 8 年であった（1875 年）。

　アメリカに留学してホールの教えを受けた元良勇次郎は帰国した 1888（明治 21）年以降，その死（1912 年）に至るまで，今の東京大学を中心に心理学の研究と教育に尽力した。

　元良の死後，大正年間の心理学を牽引したのは松本亦太郎である。松本亦太郎は基礎的領域のみならず，心理学を社会に適用することにも熱心であった。臨床心理学に関する領域は変態心理（abnormal psychology の訳）という名称で研究が行われはじめた。フロイトによる精神分析に関する知識が紹介されるようになったり，知能検査の日本版も開発されたりした。

　昭和になると，日本心理学会が設立され（1927 年），学術誌『心理学研究』が発刊されるなど，研究の制度化がなされるようになった。この時期，ワトソンの行動主義やウェルトハイマーらのゲシュタルト心理学が紹介された。関西応用心理学会や応用心理学会（東京）も設立され，さらに動物心理学会も設立されるなど，戦前期の日本の心理学は一定の広がりを見せていた。

　1945（昭和 20）年の太平洋戦争敗戦後，日本はアメリカによるさまざまな改革指令を受けて改革を実行したが，その中に教育改革があった。心理学は科学的で民主的な教育を行うための基礎部門（＝教育心理学）としても重視されることになった。教育心理学は，発達，教授・学習，人格・適応，測定・評価の 4 つの領域からなるもので，臨床心理学に関する領域が「人格・適応」で取り上げられることになるなど，日本の心理学に広がりと深みをもたらすことになった。

　学会の数も増え，戦前に成立した 3 つの学会に加え，1964（昭和 39）年までに 8 つの学会が成立し，研究者の活動が活発になった（表 4）。

　1972（昭和 47）年には第 20 回国際心理学会をアジアではじめて東京で開催するなど，日本の心理学の実力が徐々に国際的にも認められるようになっていった。

表 4　1963（昭和 38）年までの 8 学会と成立年

1927（昭和 2）年	日本心理学会 関西応用心理学会→戦後，応用心理学会に統合
1931（昭和 6）年	応用心理学会（東京）→戦後，応用心理学会に統合
1933（昭和 8）年	動物心理学会
1946（昭和 21）年	東西応用心理学会統合
1949（昭和 24）年	日本グループ・ダイナミックス学会
1959（昭和 34）年	日本教育心理学会
1960（昭和 35）年	日本社会心理学会
1963（昭和 38）年	日本犯罪心理学会
1964（昭和 39）年	日本臨床心理学会

◆学習チェック
☐　近代心理学の成立について理解した。
☐　成立時の近代心理学を批判する 3 つの潮流について理解した。
☐　日本の心理学史について理解した。

より深めるための推薦図書
　ポップルストーン Popplestone, J. A.・マクファーソン McPherson, M. W.（大山正監訳）（2001）写真で読むアメリカ心理学のあゆみ．新曜社．
　サトウタツヤ（2015）心理学の名著 30．筑摩書房．
　サトウタツヤ・高砂美樹（2003）流れを読む心理学史―世界と日本の心理学．有斐閣．
　大芦治（2016）心理学史．ナカニシヤ出版．
　サトウタツヤ（印刷中）臨床心理学史．東京大学出版会．

心の生物学的基盤

髙瀬堅吉

⌘ *Keywords* 　脳，神経細胞，活動電位，神経伝達物質，シナプス，中枢神経系，自律神経系，内分泌系，ホルモン，遺伝子

Ｉ　はじめに

　心理学は心と行動に関する学問である。たんに「心に関する学問である」とならない理由は心が観察不可能だからである。心理学では行動を通じて心を調べ，調べた結果から逆に「この行動は，この心の状態から起こった」と説明する。ただ，少し立ち止まって考えてほしい。「この行動」は，どのような「仕組み」で起きているのだろうか。たとえば，講義中に先生が「この問題がわかる人，手を挙げて」と言ったので，あなたが挙手をするという場面を思い浮かべてみよう。この「挙手」という行動は腕を構成する複数の筋肉が，それぞれ収縮と弛緩を繰り返すことで成立している。筋肉の収縮と弛緩を引き起こすのは筋肉を支配する神経から分泌されるアセチルコリンという物質である。そして，この神経が活動してアセチルコリンを分泌するためには，遡って脳の一次運動野と呼ばれる部位にある神経細胞が活動しなくてはならない。さらに，この一次運動野が活動するためには，そこに情報を伝える運動前野や補足運動野と呼ばれる脳部位が活動する必要がある。また，これらの部位が活動するためには，前頭前野と呼ばれる場所が活性化し，もっと遡って，そもそも挙手するという事態が生じたことを知覚する感覚野が活動しなくてはいけない。これが「挙手」という行動の「仕組み」である。

　「先生が質問したので，答えようという『意図』，『意志』のもと，あなたは挙手をした」。これは挙手という行動の背景にある心の状態を説明した記述だが，こ

れを行動の仕組みに着目して記述すると，先ほどのようになる。ここで理解してほしいことは，心という現象が行動を通じて調べられるものであるならば，同時に，その行動を構成する仕組み，すなわち生物学的基盤が存在するということである。つまり，心には生物学的基盤がある。

　では，なぜ心理学を勉強している者が生物学的基盤を勉強しなくてはいけないのだろうか？　心の生物学的基盤は，生物学に興味をもつ者が学ぶべき事柄なのではないだろうか？　しかし，それは違うと断言したい。本書は「公認心理師の基礎と実践」シリーズの中の 1 冊であり，公認心理師を目指す大学生，大学院生，公認心理師取得を目指す現任者向けに書かれている。公認心理師の職域は「保健医療，福祉，教育その他の分野」とされているが，この中で，とりわけ保健医療の現場で飛び交う共通言語は生物学の言葉が中心である。多職種連携が叫ばれる保健医療の現場で，公認心理師が共通言語を使用できない場合，どのように仕事を展開することが可能であろうか。さらに，公認心理師は保健医療の現場で支援対象となる人が抱える問題を，医師，看護師，薬剤師などのスタッフに適切に伝えて共有することが求められる。逆に，彼らから伝わる情報を受けて，支援対象となる方に心理師の立場から介入する必要がある。この情報共有に際し，心の記述を生物学の記述に，生物学の記述を心の記述に変換することも公認心理師には求められる。そのためには，本章で述べる心の生物学的基盤は最低限理解しておく必要があるだろう。

　そこで本章では，はじめに心の機能を担う重要な臓器である「脳」を中心に心の生物学的基盤について学ぶ。そして，脳を構成する神経細胞の情報伝達について学び，その後，身体全体を制御する神経系のつくりと働きについて学ぶ。神経系について理解した後，神経系と同じく行動を制御する内分泌系の働きについて学び，最後に，行動の傾向を形づくる遺伝の影響について学ぶ。本章を通じて心を見つめる際の生物学的視点の基礎を確立してほしい。

■ II　神経細胞による情報の伝達

1. 脳を構成する細胞

　ヒトの脳の神経細胞はニューロンとも呼ばれ，その数は 300 億とも千数百億ともいわれている。これは，脳全体の細胞数の約 10％を占めており，残りの 90％

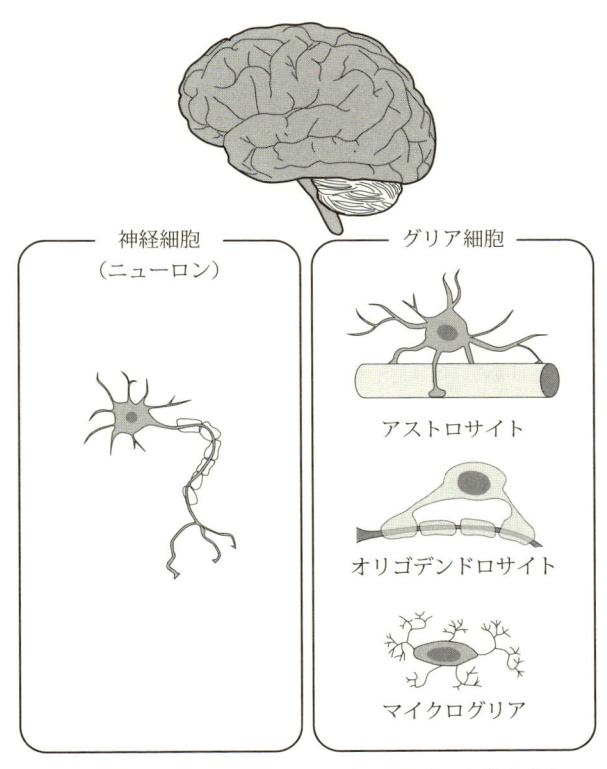

図1　脳は神経細胞（ニューロン）とグリア細胞から構成されている

（注）　グリア細胞は神経細胞の間に隙間なく入り込んで脳の構造を維持している。アストロサイトは血液脳関門の役割を果たし，血液中の栄養素を神経細胞に送る。オリゴデンドロサイトは神経線維に巻きついて髄鞘を形成する。マイクログリアは神経系の遺物を貪食する。

はグリア細胞と呼ばれる細胞で占められている。グリア細胞は神経細胞の間に隙間なく入り込んで脳の構造を維持している。また，グリア細胞は脳の構造の維持以外にも，血液中の栄養素を神経細胞に送る役割も果たしている。このグリア細胞の働きは「血液脳関門」と呼ばれ，血液脳関門は血中に含まれる有害物質によって神経細胞が死滅してしまうことがないよう，有害物質が入らないように栄養素のみを神経細胞に送っている。

　グリア細胞の中には，神経線維に巻きついて後述の「髄鞘」を形成するものや，神経系の遺物を貪食するものもあり，さらに最近では，グリア細胞もさまざまな

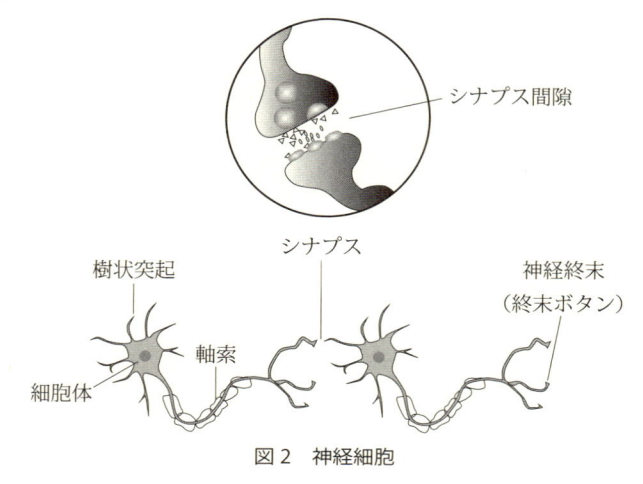

図 2　神経細胞

物質を分泌して神経細胞の活動を調節することが報告されている（図 1）。

　神経細胞は，その形状からいくつかに分類できる。典型的なものを図 2 に示した。神経細胞は，樹状突起をもつ細胞体と興奮を伝える軸索，そして軸索先端の神経終末（終末ボタン）という構造からなる。樹状突起は他の細胞からの信号を受け取る領域であり，入力信号はシナプスという構造を通じて隣接する細胞から送られる。樹状突起のシナプス部分に棘（スパイン）と呼ばれる小突起が形成されている場合もある。神経終末は神経伝達物質を含む小胞をもち，シナプス間隙（シナプスにある神経細胞間の隙間）に神経伝達物質を開口分泌することによって他の神経細胞に情報を伝達する。

2．活動電位

　神経細胞間は先述の神経伝達物質が情報を伝達するが，神経細胞内では活動電位が情報を伝える。非興奮時の神経細胞の細胞膜は内外のイオン濃度の差によって，およそ－ 70mV に分極して安定した状態にある。これは「静止膜電位」と呼ばれている。シナプスに存在する興奮性の受容体に神経伝達物質が作用すると静止膜電位はプラスになり，「興奮性シナプス後電位」（excitatory postsynaptic potential; EPSP）が生じる。この電位変化は，細胞膜を伝わり細胞体全体に広がり，軸索の起始部である「軸索小丘」にあるスパイク発火帯に到達する。スパイ

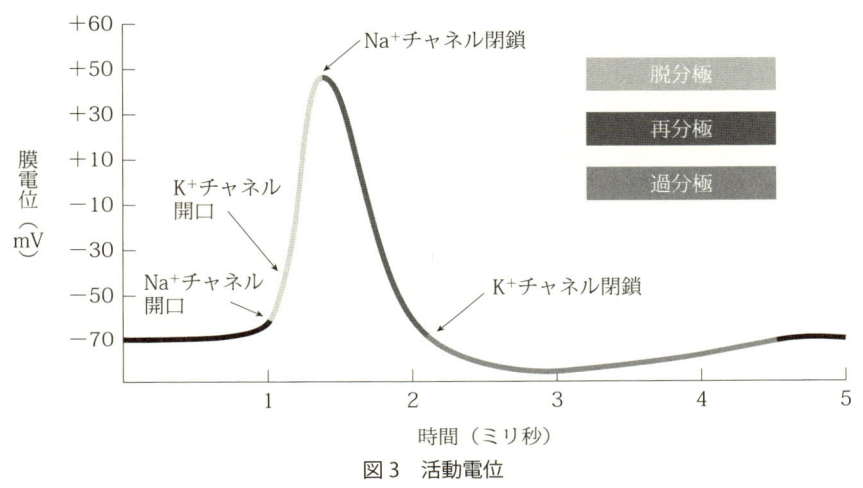

図3　活動電位

ク発火帯には電位依存性ナトリウムイオン（Na⁺）チャネルが豊富にあり，伝わってきた電位変化が閾値を超えた場合にNa^+チャネルが開口する。細胞外のNa^+濃度は，細胞内より約10倍も高く，これによってNa^+の急激な流入が生じて脱分極が起き，活動電位が生じる。スパイク発火帯には，電位依存性カリウムイオン（K⁺）チャネルも豊富にあるが，K^+チャネルはNa^+チャネルよりも遅れて開口し，Na^+チャネルよりも後に不活性化されるため，細胞内に高濃度にあるK^+の流出によって再分極し，活動電位は終息する（図3）。このように神経細胞は興奮するかしないかのデジタル処理を行い，これは「全か無かの法則」と呼ばれている。

　神経細胞の中には，軸索にシュワン細胞またはオリゴデンドロサイトというグリア細胞が巻きつき，髄鞘を形成しているものがある。髄鞘の長さは80 μm〜1 mmであり，長い軸索には複数の髄鞘が巻きついている。このとき，髄鞘間の継ぎ目は「ランビエ絞輪」と呼ばれる。興奮膜の伝導は隣接する膜の電位変化による連鎖反応であり，伝導速度は速くない。しかし，興奮が絶縁性の高い髄鞘に達すると逃げ場を失った局所電流は一気にランビエ絞輪にまで流れるため，ランビエ絞輪において活動電位を引き起こし，結果として伝導速度は速くなる。これは「跳躍伝導」と呼ばれる。これを繰り返して，髄鞘が軸索に巻きついた神経細胞は非常に速い速度で神経終末へ情報を伝える。

　神経終末は，神経伝達物質を包み込んだ小胞を多く含んでおり，さらに他の神経細胞に隣接しているものがある。この隣接した部分の構造は「シナプス」と呼ばれる。シナプスは完全に密着しているのではなく，20 nm ほどの隙間（シナプス間隙；図 1）がある。電位が終末まで伝わってくると，シナプス小胞の膜が細胞膜に融合し，小胞内の神経伝達物質がシナプス間隙に分泌される。

3．シナプスと神経伝達物質

　神経細胞間の情報伝達は，シナプスという構造を介して行われる。シナプスには，電気シナプスと化学シナプスの 2 種類があり，電気シナプスは隣接する細胞の膜が 2 〜 4 nm にまで密着し，これらの膜を貫通するコネクソンというタンパク質が小孔を形成している。これは「ギャップ結合」と呼ばれている。この孔をイオン電流が流れるため，非常に速い伝達が可能であり，これは細胞同士の活動を同期させるのに利用されている。

　化学シナプスは，神経終末部が他の細胞の膜に 20 nm ほどの間隙をもって接した構造であり，終末側から神経伝達物質が放出され，それをもう一方の細胞が膜の受容体を介して受け取る。神経伝達物質は数十種類あり，各神経伝達物質には，それぞれ数種類の受容体がある。

　神経伝達物質は，アミノ酸，アミン，ペプチドに大別することができる。アミノ酸の神経伝達物質には，グルタミン酸と γ − アミノ酪酸（GABA）などがあり，グルタミン酸は興奮性の情報を伝え，GABA は抑制性の情報を伝える。これらの神経伝達物質をもつ神経細胞は脳全体に広がっている。アミンの神経伝達物質には，アセチルコリン，ドーパミン，ノルアドレナリン（ノルエピネフリン），セロトニンなどがある。これらの神経伝達物質をもつ神経細胞は脳内で局在し，そこから軸索を脳に広く伸ばしている。ペプチドはアミノ酸の連なりであり，神経伝達物質として働くものは神経ペプチドとも呼ばれる。神経ペプチドには，ソマトスタチン，コレシストキニン，エンケファリン，バソプレッシン，オキシトシン，オレキシンなどがある。これらのペプチドをもつ神経細胞も脳内に偏在あるいは局在しており，特定の機能を担っている。

■ III　神経系

1．中枢神経系

　中枢神経系は，脳と脊髄から構成される。脳は，外胚葉から発生した神経管の吻側部（口に近い側）が膨大した構造体で，成熟した後も管腔は脳室となり管状構造は維持される。最も吻側部の前脳は，大脳皮質および皮質下組織である大脳辺縁系や大脳基底核へと発達する。また，前脳の一部は間脳と呼ばれる視床や視床下部に発達する。間脳の後部から，脳幹と呼ばれる中脳，橋，延髄へと続き，脳幹背側部を小脳が覆っている（図 4）。

　ヒトの大脳は大脳皮質，特に新皮質と呼ばれる構造体で覆われている。大脳皮質は層構造をもち，層を貫く直径約 300 μm の「カラム状機能単位」から構成される。つまり，1 つのカラムは同一の機能を備えると考えられている。また，脳は面積が広いほど複雑な情報処理が可能だとも考えられており，知能の発達した動物では脳を納める頭蓋骨の大きさに限りがあるため，大脳皮質はヒダ状に折れ曲がって面積を確保し，複雑な処理を可能にしている。このようにしてできたしわを溝，溝と溝の間の盛り上がりを回と呼ぶ。大脳皮質を正中で左右の大脳半球に分ける溝は大脳縦裂，側頭の後方上部から前方下方に走る溝は外側溝（シルビウス溝），頭頂から左右に走る溝は中心溝と呼ばれる。これらの大きな溝を目安に大脳皮質は，前頭葉，頭頂葉，側頭葉，後頭葉の 4 つの部分に分けられる（図 4）。さらに，大脳皮質下には大脳辺縁系や大脳基底核がある（図 5）。

　大脳辺縁系は，海馬，扁桃体，帯状回，脳弓，中隔，乳頭体などからなり，いずれも大脳皮質全体から見ると中心部から外れた辺縁にあたる領域であることから，この名称がつけられた。大脳辺縁系は情動の表出，意欲，そして記憶や自律神経活動に関与している。大脳基底核は，大脳新皮質からの出力を受け，視床や脳幹を中継する細胞が集まる領域である。運動調節，認知機能，感情，動機づけや学習などさまざまな機能を担っている。一般に線条体（尾状核，被殻），淡蒼球を含む概念である。間脳は視床，視床下部を指し，視床は視覚，聴覚，体性感覚を中継して大脳新皮質に送る。視床下部は体液情報をモニターして後述する自律神経系や内分泌系を統括する。また，食欲や性欲などさまざまな本能行動を制御している。

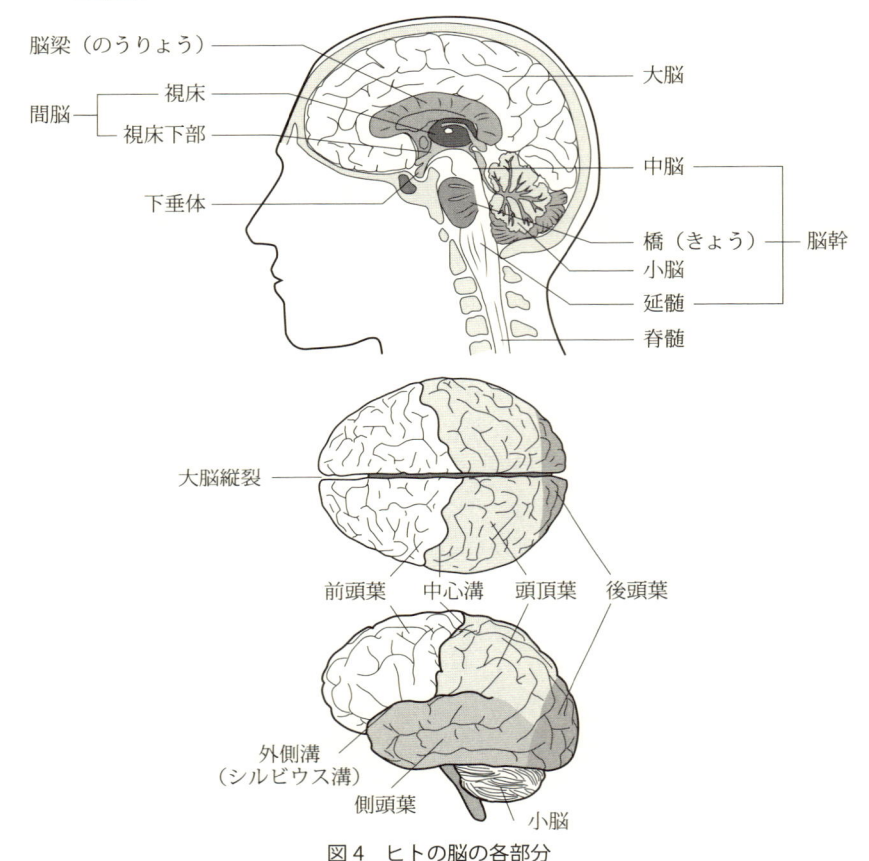

図4　ヒトの脳の各部分

　中脳は，視覚系の中継核である上丘，聴覚系の中継核である下丘を含み，その下部にある橋は脳神経の起始核を含む。そして，脳の最後部にあたる延髄は，嘔吐・嚥下，唾液分泌，呼吸などを制御しており，生命維持に最も重要な機能を担っている。延髄の担う機能を植物機能と呼び，延髄以外の機能が失われた状態を植物状態という。また，先述の中脳，橋，さらに延髄をあわせて脳幹と呼ぶ。

　脳幹背側部にある小脳は，大脳皮質と同様に層構造をもつ小脳皮質からなり，運動や姿勢の調節，さらに最近では高次脳機能にも関わっていることが示唆されている。延髄より下部にある脊髄からは知覚，運動を担う体性神経系が出ている。

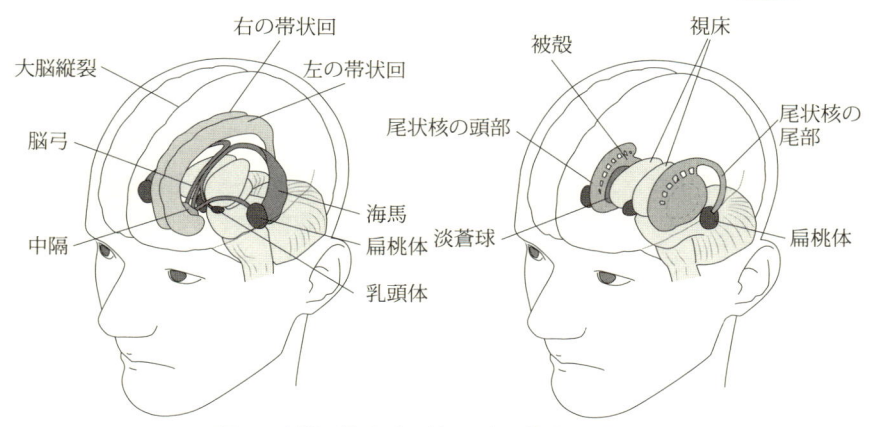

図5　大脳辺縁系（図左）と大脳基底核（図右）

また，脊髄は運動反射などを制御している。

2．脳の機能局在

　ヒトは感覚器官を通じて環境からさまざまな情報を得ているが，それぞれの情報は，視床を介して大脳新皮質の異なる領域に入力され，処理される。これを「脳の機能局在」と呼ぶ。視床から直接感覚情報を受ける領域は一次感覚野と呼ばれ，体性感覚（触覚）の一次感覚野は中心後回である。

　視覚の場合，網膜に投影された光刺激が，網膜上に並ぶ錐体と杆体（かんたい）と呼ばれる光受容細胞で検知され，その情報が視神経細胞に伝えられて脳に送られる。外界の情報は，水晶体のレンズ機能により右視野はそれぞれの眼球の左網膜上に，左視野は右網膜上に投影されるが，左右それぞれの眼球の左網膜信号は左半球の視床の外側膝状体に，右網膜信号は右半球の外側膝状体に送られる。ごくわずかな信号が上丘へと伝えられ，左右の眼球からの情報は最終的には大脳皮質に到達し，大脳皮質において1つの表象に統合される。この領域は一次視覚野と呼ばれる。

　聴覚の場合，感覚器官は内耳の蝸牛（かぎゅう）であり，音波による振動は高音ほど蝸牛管の手前側，低音ほど奥の有毛細胞を興奮させる。これらの信号は視床の内側膝状体を介してシルビウス溝下回に入力され，この領域は一次聴覚野と呼ばれる。

　これまで述べた一次感覚野は左右大脳半球のどちらにも存在したが，言語に関

わる脳部位は様子が異なる。19 世紀後半にブローカ Broca は, 左の大脳半球の前頭前野の下側部の領域が言語産出の中心であると主張した。現在では, これはブローカ野と呼ばれている。ブローカ野に限定した脳の損傷は言語理解を阻害することなく発語を阻害し, これは「表出性失語症（ブローカ失語症）」と呼ばれている。一方, 1874 年にウェルニッケ Wernicke は, 左側頭葉一次聴覚野の後側に言語理解の領域があると主張した。これはウェルニッケ野と呼ばれ, ウェルニッケ野を損傷した患者では, 書かれた言語と話された言語の両方の理解が困難で, 表面上の構造, リズム, 正常な言語のイントネーションは残っているが, 無意味な言語発話を呈することが報告された。これは「受容性失語症（ウェルニッケ失語症）」と呼ばれ, 先述の表出性失語症とは区別されている。このように大脳皮質の言語野が左半球に局在していることから, しだいに左右大脳半球の機能差が注目されるようになった。

　左右の大脳半球は, 大脳縦裂底部にある脳 梁 でお互い連絡し合っている。1953 年, マイヤース Myers とスペリー Sperry は, ネコの脳梁を切断して視覚弁別学習を行い, 脳梁が一方の半球からもう一方の半球へ学習した情報を伝達する機能があることを示した。さらにスペリーと同僚のガザニガ Gazzaniga は, 難治性てんかんの治療のために脳梁を切断された（分離脳）患者を調査し, 脳機能の左右差を発見した。

3. 自律神経系

　神経系は中枢神経系と末梢神経系に, 末梢神経系はさらに体性神経系と自律神経系に分類される。体性神経系は知覚や運動を担うが, 自律神経系は内分泌腺および心臓, 血管, 胃や腸などを構成する平滑筋を制御し, その活動の多くが消化や循環のように自律的あるいは自己制御的である。眠っていても意識がなくてもこの神経系は活動し続けるところから, 自律神経系という名称がつけられた。自律神経系は交感神経と副交感神経に分類される。交感神経は脊髄の胸髄と腰髄から出ており, 脊髄を出た直後に神経節に接続する。副交感神経は脳幹の中脳・延髄と脊髄の最下部である仙髄から出ており, 神経支配する部位の近傍で神経節に接続する（図 6）。

　この 2 つの神経の特徴として「拮抗支配」がある。拮抗支配とは, 交感神経が促進するものを副交感神経は抑制し, 反対に, 交感神経が抑制するものを副交感

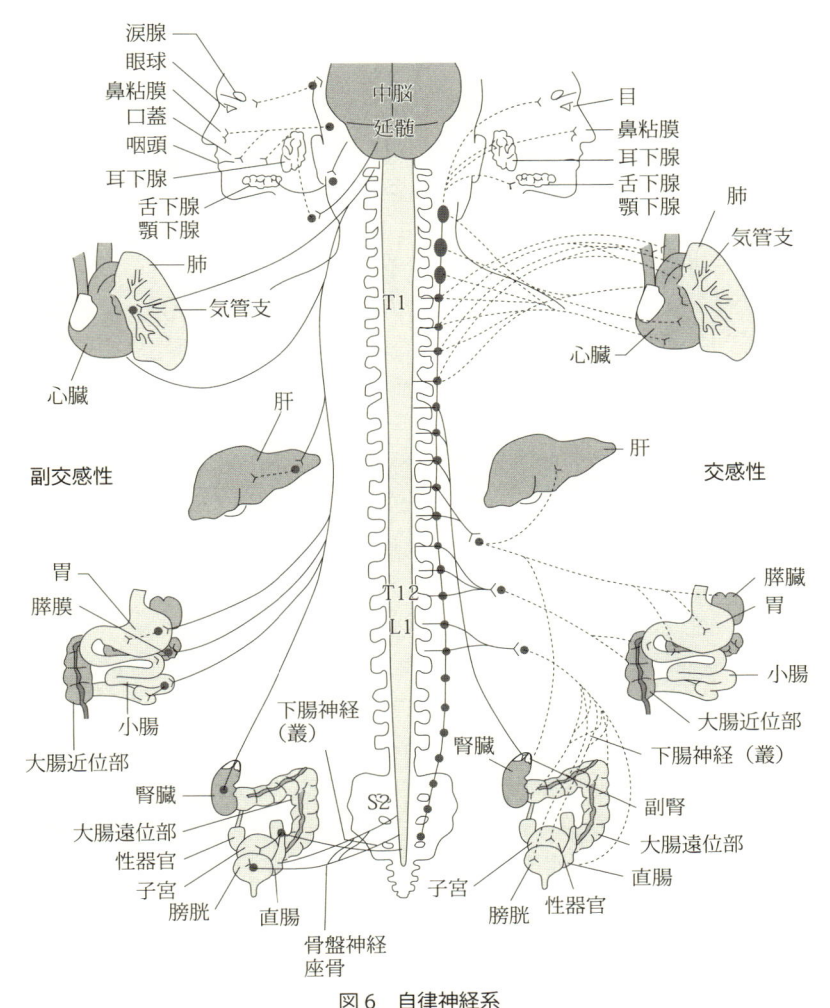

図 6　自律神経系

（注）　右側は交感神経系による支配を示し，左側は副交感神経による支配を示す。実線は神経節
　　　前線維，破線は神経節後線維を示す。

神経が促進することである。たとえば，交感神経は瞳孔を拡大させ，唾液分泌を
抑制し，心拍数を上昇させるが，副交感神経はそれとは対照的に作用する。また，
交感神経は神経支配する内臓器官に対してノルアドレナリンやアドレナリンを分

泌するが，副交感神経はアセチルコリンを分泌する。さらに，交感神経は緊急事態に際して活動的に働いてエネルギー消費を促進するのに対して，副交感神経は消化機能を促進してエネルギーを貯蔵するよう促す。怒りや恐怖反応などに伴う強い情動反応を示す際には交感神経の活動が支配的となり，心拍数を増大させ，筋への血流を多くして筋の活動に要する多量のエネルギーが供給される。また，交感神経の活動により，副腎髄質が刺激され，副腎髄質ホルモンであるアドレナリンが分泌される。

　アドレナリンは肝臓に蓄えられたエネルギーを血液中に放出し，脅威的状況に立ち向かうか，それともそこから逃げ去るかという「闘争－逃走反応」（fight-or-flight response）と呼ばれる身体的状態で消費されるエネルギー源を確保する。

■ IV　内分泌系

　細胞が産生し，血中に放出して遠隔の細胞に信号を送る物質を「ホルモン」と呼ぶ。そして，ホルモンを介した情報伝達システムを「内分泌系」と呼んでいる。ホルモン産生細胞をもつ器官を内分泌腺，ホルモン受容体をもつ器官を標的器官と呼び，脳の視床下部には，ホルモン産生神経細胞が分布している。これらのホルモン産生神経細胞は，2 種類の様式で下垂体からのホルモン分泌に関わる。1 つ目は，下垂体前葉に対して，そのすぐ上流の血管である下垂体門脈に下垂体からのホルモン放出ホルモンを分泌する様式である。成長ホルモン放出ホルモン（GHRH）は下垂体前葉からの成長ホルモン（GH）の分泌を促進する。同様に副腎皮質刺激ホルモン放出ホルモン（CRH）は副腎皮質刺激ホルモン（ACTH）を，性腺刺激ホルモン放出ホルモン（GnRH）は性腺刺激ホルモン（ゴナドトロピン）を，甲状腺刺激ホルモン放出ホルモン（TRH）は甲状腺刺激ホルモン（TSH）およびプロラクチンの分泌を促す。2 つ目の様式は，視床下部神経内分泌細胞が直接，その軸索を下垂体後葉に伸ばし，そこから下垂体後葉ホルモンを分泌するもので，バソプレッシンとオキシトシンと呼ばれるホルモンがこれに該当する。

　下垂体前葉ホルモンのうち，ACTH，ゴナドトロピン，TSH は，それぞれ副腎皮質の副腎皮質ホルモン（コルチゾル），性腺の性ホルモン（卵巣からエストラジオール，精巣からテストステロン），甲状腺から甲状腺ホルモンの分泌を刺激し，さらにそれらのホルモンは視床下部に対して下垂体ホルモン刺激ホルモンの分泌

を抑制するネガティブフィードバックの機構をもつ。これらの分泌調節系を視床下部 − 下垂体 − 副腎（HPA）軸，視床下部 − 下垂体 − 生殖腺（HPG）軸，視床下部 − 下垂体 − 甲状腺（HPT）軸と呼んでいる。

　生体のストレス反応には，HPA 軸が必須である。ストレス刺激に対する ACTH や副腎皮質ホルモンの分泌反応は大変速く，数分単位で分泌の増加が見られる。これらの刺激は脳幹のノルアドレナリン作動性神経細胞を活性化し，CRH の分泌を刺激する。しかし，ストレスが慢性化すると刺激に対するこれらのホルモンの反応パターンは変化してくる。

■ V　遺　　伝

　私たちの髪の形状や瞳の色といった形質は親から子へと伝わる。このような現象を遺伝という。そして，形質を伝え，それを発現するもとになるものが遺伝子である。遺伝子が細胞の核の中の糸状構造である染色体に存在することが明らかになったのは 20 世紀初頭である。哺乳類は 2 対の染色体を種固有の数だけもっており，ヒトの場合は 23 対ある。また，それぞれの染色体の同じ座に存在する遺伝子は「対立遺伝子」と呼ばれ，対立遺伝子同士が異なる場合には優性な遺伝子の形質が表現型として現れる。

　染色体は二重らせん構造のデオキシリボ核酸（DNA）分子とヒストン・タンパク質からなる。DNA はデオキシリボースとリン酸の鎖に結合したヌクレオチド塩基の連続であり，ヌクレオチド塩基にはアデニン（A），チミン（T），グアニン（G），シトシン（C）がある。DNA の二本鎖では，A と T，G と C が結合している。タンパク質合成では，二本鎖 DNA が一本鎖になり，露出したヌクレオチド結合部にリボ核酸（RNA）が結合し，メッセンジャー RNA（mRNA）がつくられる（RNA ではチミンの代わりにウラシル〔U〕が使われる）。DNA にはタンパク質をコードしている部分（エキソン）とコードしていない部分（イントロン）の両方が含まれるため，続いて mRNA はスプライシングという過程でイントロンが取り除かれる。タンパク質はアミノ酸がペプチド結合した一本鎖が複雑に折り畳まれたものである。mRNA は三塩基で一アミノ酸をコードしており，それをもとにリボソームと呼ばれる細胞内小器官でタンパク質の合成が行われる。

　DNA から mRNA がつくられる過程を転写，mRNA からタンパク質がつくられ

る過程を翻訳と呼ぶ。翻訳されてつくられたタンパク質は生体を構成し，これにより，本節冒頭で述べた「私たちの髪の形状や瞳の色といった形質は親から子へと伝わる」という現象が成立する。心についても同様で，心が生物学的基盤の上に成立するのであれば，髪の形状や瞳の色と同様に，その形質は親から子へと遺伝する。これについて話す前に，まず「量的形質」という概念について説明したい。

　遺伝によって受け継がれる形質を「質的形質」と「量的形質」に大別する分類がある。質的形質とは ABO 式血液型のように不連続で質的な違いとして示される形質を指し，これは少数あるいは単一の遺伝子の影響を受けると考えられている。一方，量的形質とは身長のように連続した実数あるいは整数で示される形質を指し，複数染色体上の多数の遺伝子の影響を受けると考えられている。心理的形質，つまり心の特徴の多くは集団の中で量的に連続性があり，かつ統計的に正規分布するため，量的形質であると考えられている。したがって，単一遺伝子ではなく多くの遺伝子の働きの影響を受けることが予想される。この量的形質に影響を与える遺伝子群が染色体やゲノム上において占める位置を「量的形質遺伝子座」（quantitative trait locus; QTL）と呼び，QTL は連鎖解析（linkage analysis）やポジショナルクローニングと呼ばれる方法を用いて検討される。心の特性に関わる QTL は，これらの方法で同定され，判明した遺伝的特徴を遺伝子改変技術によりラットやマウスなどのモデル動物で再現することで遺伝子が心に与える影響は研究されている。

■ VI　おわりに

　本章では，心の機能を担う重要な臓器である脳を中心に心の生物学的基盤について概説した。脳を構成する神経細胞の情報伝達，身体全体を制御する神経系のつくりと働き，神経系と同じく行動を制御する内分泌系の働き，行動の傾向を形づくる遺伝の影響は，公認心理師が備えるべき基礎知識の 1 つである。しかし，医学，看護学，薬学などの領域では，これよりもはるかに広く，深いレベルで人体の理解が求められており，医師，看護師，薬剤師などは，それを身につけて現場に臨んでいる。そのため，公認心理師を目指す者も，この章に書かれた内容にとどまらず，人体について学び，現場に出ても多職種と連携できるだけの「心の

生物学的基盤」の理解を今後も目指す必要がある。そのファーストステップとして，本章の内容をまずは漏れなく理解してほしい。

◆学習チェック
□　脳の構造を理解した。
□　神経系の情報伝達を理解した。
□　内分泌系の情報伝達を理解した。
□　遺伝が行動に与える影響を理解した。

より深めるための推薦図書
　　堀忠雄・尾﨑久記監修，坂田省吾・山田冨美雄編（2017）生理心理学と精神生理学
　　　　第Ⅰ巻 基礎．北大路書房．
　　日本心理学諸学会連合心理学検定局編（2015）心理学検定 基本キーワード 改訂版．
　　　　実務教育出版，第 6 章「神経・生理」．

第 3 章

感覚・知覚

村上郁也

⛓ *Keywords*　不良設定問題，自然制約条件，恒常性，知覚的体制化，what 経路と where/ how to 経路，聴覚情景分析，能動触（アクティブタッチ），自己受容感覚，多感覚相互作用，注意

Ⅰ　知覚とはどういうことか

1. 外　　界

　ヒトその他の生活体は，自分を取り巻く物理世界である外界の中で動きまわりながら事物や他個体と相互作用して生きていく以上，外界の様子を生存に有利な形でできるだけ精緻に把握する必要がある。しかし，外界の情報を取り込もうというときには，生体であるがゆえの装置的制約がある。そこで，外界にひしめく物理エネルギーのうち，こうした目的にとって必須のいくらかのものを，生体に可能なやり方で受容し，情報処理し，有意味な構成に組み上げて心の上に展開する。そうした機能を提供するのが知覚のシステムである。

　外界にはさまざまな種類のエネルギーがある。たとえば電磁波には，波長によってラジオ電波，熱線，紫外線，X 線などさまざまなものがあるが，じつは私たちにものが見えるために必要な光，すなわち可視光線は，特定範囲の波長の電磁波であり，「アンテナ」としてそれを受信しているのが眼の正体である。音波もしかりで，特定範囲の周波数の空気振動だけを耳の「マイク」で受信している。皮膚には圧力センサなどがあり，鼻と口には化学物質センサなどがある。筋肉の中には張力センサ，耳の中にはさらに慣性力センサもある。私たちが外界の様子を把握するということは，特定の種類のエネルギーのしかもごく限られた範囲のものだけを受信できる感覚器を用いて，外のエネルギーを生体信号に変換し，それを出発点として可能な限り外界を正しく反映するように苦心しながら情報処理を

したあげくのなにものかを，心の上に自分の信じるリアリティとして，生きるために使い勝手のよい形式で，表現するということなのである。

2．感覚器

　感覚器として，我々は眼，耳，鼻，口，皮膚などをもち，外界のエネルギーを受信している。たとえば眼には，光エネルギーを受信する網膜という構造がある。したがって，網膜に映る投影像というものが我々にとっての視覚刺激である。しかし，この言明は半分しか正しくない。網膜像は，眼という感覚器を刺激するという意味ではたしかに視覚刺激であるが，網膜像を見る目的のために視覚が進化したわけではないからだ。視覚の目的は，外界構造を「何がどこにどのように見える」という形式で心的に表現することである。したがって，網膜像は感覚器を刺激するという意味で近刺激と言い習わし，その網膜像をもたらしたはずの外界の事物などを指して遠刺激と呼び分ける。視覚の作業とは，近刺激である網膜像を出発点として，未知なる遠刺激である外界のあり方を推定する行いだといえる。

3．知覚世界

　知覚世界とは，我々の知覚情報処理システムが行う推定作業の結果に他ならない。そしてそれは視覚にせよ聴覚にせよ触覚にせよ，自己と自己を取り巻く環境の様子を，視覚，聴覚，触覚などの間の結びつけや，感覚入力と運動出力との間の協調がしやすい形式で，具象的に表現しているのである。右にあるものは右に見え，左にあるものは左に見える。眼を横に動かすと，網膜像は横にずれるはずなのに，見えの世界は安定している。光学系の特性のせいで網膜像は上下左右が逆転して映っているのに，見えの世界の上下左右は正しい。試しにプリズム製の逆さ眼鏡を数日間かけ続けて順応すると，視覚入力が通常とは上下逆転したままでも，やはり見えの世界は正立している。こうしたことからも，知覚世界がたんなる網膜像の反映ではなく脳の合成の産物であることがわかる。脳にとって，最もありそうな見込みが高いと推定される外界の姿が，いまこの瞬間も合成されているのである。

　しかし，推定は簡単ではない。というより，不可能である。すなわち，未知数よりも方程式の方が少ない個数であるために数学的に解が不定であるという宿命，不良設定問題が突きつけられているのだ。最も顕著な例として，視覚の奥行きを

考えてみよう。網膜という面に投影された像は宿命的に 2 次元であり，奥行き次元が失われている。しかし，我々の見たいものは 2 次元の網膜像ではなく，3 次元の外界のあり方である。解は無数にある。たとえば正方形の網膜像が与えられたとき，外界にもまた正方形がある保証はない。たとえば 1 m の奥行きにわたって前後方向に傾いた台形がたまたま網膜上で正方形に映る投影像をなしているかもしれないし，極端にいえば，空中の無数の浮遊体が網膜に結像したときにたまたま正方形の形に集まってしまっているという可能性も否定はできない。

　数学的にはこうした可能性を否定できないものの，そうした無数の可能性を残したままでは知覚世界は定まらない。そこで，我々の側の「常識」を発動させて，常識的にありそうかどうかを判断するのである。

4．恒常性

　データが乏しいために解が定まらないときには，無理やり解を絞る。そのためにシステムが用いる材料の 1 つに，自然制約条件がある。自然環境においてそうである見込みの高い関係が，とりあえず成り立っていると仮定してみるのである。たとえば上述の正方形の例では，それを覆す証拠がない限り網膜上で連続的なものは外界でも連続的であるはずだ，という仮定をおけば，空中浮遊体説をはじめいくつかの解の候補は消えるだろう。また，事物は一般的な視点から観察されているはずだ，という仮定をおけば，1 m にわたって傾いた台形という解釈もなくなる。観測側のわずかな視点の変更で網膜像が正方形から大きく異なってしまうからだ（Nakayama et al., 1992）。こうして可能な解の候補を制約していって，1 つの解を選び取って心の上に映し出したものが，見えの世界をなすのである（Frisby et al., 2010）。

　自然制約条件を取り込めば，網膜像が 2 次元である宿命を乗り越えられることがある。友人の顔が網膜上で拡大しつつあり，つい先ほどの 10 倍になったとしよう。実際の顔が一瞬でふくれたのだろうか？　その可能性は数学的には否定できない。だが考え直して，友人の顔が外界で不変であったと仮定してみよう。そのとき，網膜上での顔のサイズは，観察距離に反比例して変わる。そして，顔が一瞬でふくれた可能性と，観測点か観測対象かその両方かが環境の中を動いた可能性を，視覚システムは天秤にかけて判断する。顔はふくれにくく人は動きやすい。だから，観察距離を縮めながら同じ顔を見ている見込みが高い。そうだと決

めれば，網膜像のサイズは友人と私との距離の手がかりとして利用できることにもなる。明らかな反証がない限り外界の事物は大きさが不変だと見なす自然制約条件を，心理学では大きさの恒常性という。同じく，外界の事物は形が不変だと見なす自然制約条件を，形の恒常性という。外界で形が同じで網膜上で形が異なるのだから，その原因は事物の観測方向の違いのせいだということにするのである。

■ II　さまざまな感覚モダリティと知覚

　日常表現でいう五感（視覚，聴覚，触覚，嗅覚，味覚）の区分のように，我々の感覚・知覚の内容には質的な違いのあるいくつかの種類があり，それを感覚モダリティという。以下に，感覚モダリティごとにシステムの様子を概観することとする。

1．視　　覚

　まず視覚であるが，上述のように，感覚器としての眼に映った網膜投影像を入力として，脳の莫大な情報処理が始まる。視覚刺激として受容できる光は約 400 〜 700 nm の波長の電磁波であり，たいていの場合，多くの波長成分が混在している。たとえば，すべての波長成分が等しく含まれている光を観察すると白色に見える。白色をプリズムで分ければ，波長ごとに屈折率が異なることから虹ができ，虹をプリズムで集めればまた白色に戻る。ここから，波長成分が違えば，どうやら色が見えるらしいことがわかる。

　光は，網膜に 2 次元上に敷かれた光受容器に当たることで電気信号に変換され，その信号は神経ネットワーク上を次々に伝達されていきながら情報処理を受けることになる。明るい照明下で働く光受容器には，光を受け取れる波長範囲の異なる 3 種類の細胞（L 錐体，M 錐体，S 錐体）があり，これらの細胞の応答の割合が我々の色覚のもとになっている。錐体の働けない暗い照明下でも，別の種類の光受容器である杆体が働けば，色覚や空間分解能は犠牲になるものの，ものを見ることはできる。

　色は，脳が作り出す心的構成概念である。外界の事物に色というものはない。何らかの波長の分布をもった光が反射されて来るのみである。色とは，その光を

図1　明るさの同時対比

（注）　中央の灰色は左右で同じものだが，周囲が明るければ暗く，暗ければ明るく感じられる。

受け取り，表面材質等を知るために生体にとって重要な情報次元として心の上に表現した質感の1つなのである。そして，とても波長分布の狭い赤，緑，青といった3色だけの光を混ぜて，それ以外のさまざまな色を作り出せる。3錐体に特定割合の応答をまったく同じようにもたらすものなら，それが果物表面から来たものでも，3種類の発光ダイオードを混色したものでも，要するに波長分布が大幅に異なっていたとしても，人間には区別できないのである。

　明るさにせよ色にせよ，入力光の絶対的な値よりも視野内の相対関係が重要なことが多い。晴れた日の日なたと，夜間とで，物体からの反射光量が数万倍違ったとしても，白は白で，白地に黒の文字は黒のままである（明るさの恒常性）。また，太陽光，蛍光灯，白熱灯など照明光の波長分布に違いがあっても，それらの下で見る同じ事物の色は照明ごとに変わっては見えない（色の恒常性）。全体的な光量や波長分布にとらわれず，あくまで隣り合う画像領域間の違いに注目するようなメカニズムがあることがうかがわれる。実際，同じ灰色でも白に囲まれれば暗く，黒に囲まれれば明るく見える。この現象を明るさの同時対比という（図1）。それと関連するかのように，網膜の神経細胞には，光の絶対強度によらず同心円の周辺部の光に対して中心部が明るいか暗いかという関係性に応じて光に対する神経応答の強度を変えるものが多い。

　外界の事物を認識するという課題を解くには，光の強さの空間分布がよい材料になる。光学的に考えると，事物の存在により，事物よりも後ろの風景をその事物が遮蔽している格好で網膜に像が投影されている。解析作業を始めるにあたって，事物とそれ以外とに，網膜像の領域を分けるという作業が有効である。入力像の中のある領域を図ととらえ，その周囲の領域を地ととらえて，図と地の境界

を輪郭と定めることを，図地分化という。図地分化をはじめ，入力像に次々と意味づけをしていき，最終的に外界環境の構造を推定していくことを，知覚的体制化と総称する。これが，カメラと人間の視覚系との決定的な違いである。カメラは外界を撮影して画像を映す。視覚系は，眼に映った画像を解析して外界を推定するのである。

　盲点での知覚も，カメラと視覚系の違いを如実に示す例である。網膜上には，視神経の太い束が貫通している場所があり，そこには錐体や杆体が存在しないので光を受け取ることができない。その場所に対応する視野上の領域を盲点という。盲点内部には光入力がないにもかかわらず，穴となっては見えず，周囲の色なり模様なり線分なりが内部にまで延長しているように感じられる。これを知覚的充填という。視覚系にとっての興味は，感覚器の仕様上の問題である盲点の存在ではなく，あくまで外界の構造である。そのため，いちばんもっともらしい解釈を盲点内部のあり方として推定することで，装置の問題をなきものにしているのである。

　図地分化でたくさんの図が切り出されてきたとして，次の段階では，それらを何らかの意味のある集合に区分けする作業が必要である。それが群化であり，20世紀前半に勃興したゲシュタルト心理学では，部分を組み合わせた全体性であるゲシュタルトが知覚に必須であると唱え，群化をもたらす要因を複数提案した。似たようなものはまとまる（類同），近いものはまとまる（近接），同じように動くものはまとまる（共通運命），といった具合である。

　知覚的体制化はさらに階層的に進み，ついには立体表現となって，脳内の記憶表象と照合されることで，椅子であったり飛行機であったりといった物体の同定へと至る。たとえ入力画像に曖昧性があっても，何だかわからないものをそのままにしておくことは視覚系はよしとせず，脳内のひな形をあてはめてとにかく何らかの解決を図る。こうした，何らかの事物を見ようとする姿勢ができている心の状態を知覚的構えといい，ときには，お月さまのウサギのように，偶然にできている画像の配置に対して何らかの意味を見出すことさえある。また，物体同定とともに，物体の世界内の位置を定める作業である物体定位も重要である。視覚系には大きく分けて，物体の同定を担当する「what 経路」と，物体の定位を担当する「where/how to 経路」があるとされ，後者の経路では，物体の場所や動きの把握，注意のシフト，物体と相互作用するアクションの誘導，自己進行方向の推

定などを行う。これらの経路の一方が障害された患者では，ものの形はわからないのにその形に正しく合致したアクションが行えたり，反対にものの形がわかるのに物体へ手を伸ばす運動が難しくなったりする（Goodale et al., 2003）。

2. 聴　　覚

聴覚が生じるための遠刺激は，それぞれ固有の物理特徴に基づいて振動を起こす外界の事物等であり，近刺激は，その振動が空気等の媒質を伝播して耳に入り，鼓膜を介して耳の中の構造に与えた約 20 〜 20,000 Hz の振動である。聴覚系は逆の道をたどる。振動を受信し，それをもたらした見込みが最も高いものとして外界の音源を同定・定位するのである。光と同様，音にも一般にたくさんの周波数の成分が混じっており，これを一般に複合音という。単一の周波数からなる音は純音という。純音にはふつう音の高さの明瞭な聞こえ（ピッチ）が生じ，また，ある基本周波数とその整数倍の周波数の倍音が同時に鳴ると，基本周波数の純音のピッチと同じピッチで音色の異なる音が感じられる。基本周波数の高さは音の高さに関連し，振動の振幅は音の大きさに関連し，周波数成分の違いや振幅の時間変化は音色の違いに関連する。

生体内で振動を受容する細胞は，内耳の蝸 牛（か ぎゅう）という構造内部の基底膜の上にある有毛細胞で，基底膜が液体の振動につられて揺れることで細胞の形状にかけられるわずかなずれの力を検出して電気信号に変換する。基底膜上の場所ごとに好みの周波数が異なるため，音受容の実情は，周波数分解に他ならない。同時に鳴る周波数の分布とその時間経過を左右耳 2 チャネルで受容したデータが，聴覚情報処理の出発点である。

ピッチの知覚は，いま鳴っている楽音の音階名がわかることや，何オクターブも離れた高低差がわかることの必須条件であり，前者と後者の楽音の性質をそれぞれトーンクロマ，トーンハイトという。しかも，ピッチは発話においては声調，抑揚，韻律など言語理解に必須の特徴を与える要素である。ピッチの解析のためには，基底膜上のどの場所が振動しているのか，という場所情報が重要とされる（場所説）。一方，一定範囲の周波数であれば有毛細胞は受け取った振動に同期した時刻に電気信号を出すため，この位相固定の現象により生体信号として取り込まれた音波の時間情報をピッチの解析に活かす方略もある（時間説）。数々の聴覚現象の示唆するところから，両方の方略が用いられているようである。音源定位

に関しては，両耳で受聴していれば，音源の方向によって音波が届くまでにかかる時間が両耳間で異なるという両耳間時間差や，届く音の振幅が両耳間で異なるという両耳間レベル差を用いて，左右方向の定位を行える。上下や前後の方向については，耳介や頭部の形状により音の特徴が変わることを活かして推定している。

　各音源専用のマイクをもたず，たかだか 2 個の耳で空気振動の受信を引き受けていることに由来して，入力データは複数音源の音波が重畳した形になっている。これをひもといて，どんな音源がどの場所でいかなる時間経過で鳴っているのかを，個別の音の流れである音脈（ストリーム）に分節化しながら推定する作業が，聴覚情景分析である。これには，視覚で触れたような群化の法則を適用し，連続性の仮定をはじめ自然制約条件を総動員する必要がある。聴覚でもやはり，数学的には解けない問題に無理やり解を与えているのである。

3．体性感覚

　体性感覚が生じるための遠刺激の代表例として外界の固い事物を考えると，近刺激の典型としてはそれに触れている皮膚の各所に与えられる圧力という触覚刺激だろう。皮膚の圧力センサは大ざっぱに述べて，空間分解能の高いものと低いもの，時間的に持続するものと一過性に応じるものに分けられ，その組み合わせとして 2 × 2 ＝ 4 種類の機械受容器が皮膚の場所ごとに備わっている。それぞれが，事物と皮膚との相互作用の異なる局面で応答し，脳の体性感覚情報処理で統合されることで事物の形状や表面材質の触知覚に寄与することになるが，それには後述の能動触が大きな作用をすることになる。

　触覚の感度の代表例として，1 点でなく 2 点で刺激されているとわかる最小の距離，二点弁別閾を測ると，体部位ごとに顕著に異なる。指先や口唇，顔などでは小さく，体幹では大きい。触覚情報を脳内で表現する大脳皮質の面積が体部位ごとに違っており，二点弁別閾の小さい体部位は皮質面積の大きい体部位に対応する。細かいことを知る必要がある体部位には多くの資源が割かれているのである。ただし日常体験でわかる通り，我々はこの二点弁別閾を長さ単位として自己身体を把握しているわけではない。もしそうであれば手や口や顔が異様に大きい姿として自己認識するはずだ。そうではなく，空間内に一定の体積を占めて外界と相互作用する自分の姿，すなわち身体像を，視覚などの他の感覚モダリティと

相容れる心的空間内に作り上げる。しかも，常時更新しているらしい。そのよい証拠がラバーハンド錯覚である（Botvinick et al., 1998）。実験参加者の片手を衝立で隠し，その横の見える位置にゴム手袋を置いて，本物の手とゴム手袋を同時に筆でなで続けると，ゴム手袋をあたかも自分自身が所有している手のように感じ始めるのである。

　機械刺激の受容以外でもう1つ重要なものとして，温度と侵害刺激の受容がある。これに用いられるのは皮膚の局所で枝分かれした自由神経終末であり，そこには特定範囲の温度に対して応じるものや，身体の変形や損傷による侵害，化学物質による侵害を検出して応じるものがある。この神経線維の働きを通じて，温度感覚や，痛覚が生じる。また痛みとは反対に，なでられたりふわふわの毛皮に包まれたりしたときの気持ちよさの知覚を生むための情報源として寄与している自由神経終末もある。温度感覚は，適温の範囲内であれば順応を起こし，新たな皮膚温度を中心に相対的な温かさを知覚するもととなる。

　けがをして侵害受容器が信号を出したことは必ずしもただちに痛覚体験にはつながらない。戦闘中やスポーツ競技中など痛みを感じることがかえって命取りになるような際は，高次中枢からの制御で，痛覚が抑制されることがある。逆に，侵害刺激が取り除かれた後に慢性疼痛が続くこともある。受傷部位付近で痛覚に過敏な状態でいることには治癒を早める効用がありそうだが，極端な例では，四肢切断患者において患肢にあたかもいまだに手足が存在するかのように感じ，そこに痛みを感じるという幻肢痛も報告されている。痛みを生むべきか生まざるべきかすら，脳の情報処理の結果として推定された解なのである。

4．嗅覚・味覚

　嗅覚・味覚の機能としてすぐ思いつくのは，生体にとって好ましい，あるいは好ましくない，化学物質の検知である。大気に毒性があるかないか，食物摂取するべきかせざるべきかを判断することは生存に関わる。このためか，さまざまなニオイの感じ方を定量的に調査する心理学研究データでは多くの場合，快不快度の次元が抽出される（斉藤，1994）。

　嗅覚のもととなるニオイ物質はヒトで約350種類の嗅覚受容体のいずれかにくっつくことで電気信号に変換される。1種類のニオイには一般に複数種類のニオイ物質の分子が含まれ，1種類のニオイ物質は一般に複数種類の嗅覚受容体に

くっつくため，特定のニオイを嗅いだときには約 350 次元の活性化パターンが生じることになる。面白いことに，鼻の嗅上皮で受容されてから脳内の受け手である嗅球に運ばれると，異なる嗅覚受容体に由来する情報は嗅球の異なる場所に到着する。ニオイの識別とは，嗅球の上でいえば空間パターンの識別になる。

　味覚の基本的な情報として，舌表面の味蕾には，甘味，苦味，塩味，酸味，うま味をもたらす味物質のそれぞれを受容する少なくとも 5 種類の味覚受容器がある。これらの基本味は，それぞれエネルギー源，毒，電解質，腐敗，タンパク質の存在を知らせる機能があると考えられる。ただ，これらが脳に伝えられて処理される際には口中の体性感覚情報と合わせられ，またやがて嗅覚情報とも統合されるためか，我々の食体験がたった 4 〜 5 次元であるようには感じられない。このような味覚体験の本質としての多感覚統合の重要性が如実にわかるのは，鼻をつまんで食物を味わうときの味気なさだろう。食物のニオイを嗅ぐのは食べる前だけではない。食物を口に入れている最中も，後ろ側から鼻の中に逆流する経路でニオイ物質の受容をしている。これらのおかげで豊かな風味の認知をすることができ，さらに，着色などの視覚情報，咀嚼音などの聴覚情報も食味を左右することが知られている。

5．自己受容感覚系・前庭系

　以上述べてきたいわゆる五感の他に，感覚刺激を受容して電気信号に変換する仕組みはまだある。1 つは，筋肉の中に埋め込まれた筋紡錘という張力センサを使って自己身体にかかる力や自分が発揮する力，関節角度などを監視する自己受容感覚系である。自己受容感覚があるおかげで，運動指令を出した結果としてのフィードバック情報を運動系が知るところとなり，身体運動の実時間制御や反射的調節が可能になる。じつは，触覚を用いた事物の触認知には，自己受容感覚が深く関与している。自由意思で事物に触れて形状などを探索することを総称して能動触（アクティブタッチ）というが，このアクションを行う最中，脳では自分の腕の動く様子，自分の手の形などを把握していて，そのときに皮膚や筋骨格系に返ってくるはずの圧力や反力をつねに予測しているとされる。この予測と，自分が力を与えた結果として実際に返ってくる感覚入力と自分の運動の情報とを統合してはじめて可能になるこうした触認知を，力触覚（ハプティクス）という。

　もう 1 つ，身体の傾きを監視する前庭系の仕組みは，じつは耳の内耳，蝸牛

の隣にある前庭器官の中にある。その機構は半規管と耳石器からなり，それぞれ，頭部の回転加速度と直線加速度のセンサとして働く。聴覚受容の際に述べたのと類似の形状の有毛細胞を用いて，自己身体の動きや重力加速度に伴って発生している慣性力を検出するのである。これらの働きにより，自己身体がどの方向に進み，回っているか，重力方向はどちらでそれに対して頭部はどのような傾きか，などの情報が手に入る。この前庭系の情報と，視野全体の光の流れという視覚入力，また自己受容感覚系の情報とを統合することで，身体の平衡を保つことができる。

6．内臓感覚

上述の自己受容感覚系と前庭系に対して，いわゆる五感のことを外受容感覚という。これらに対して，上記以外の体内の感覚をいう内受容感覚というものもあり，その代表が内臓感覚である。内臓感覚にはもちろん臓器の異状の有無を警報する働きがあるが，情動，認知，意思決定などに関連した身体状態の把握にも重要だとする説がある（Damasio, 1994）。たとえば，自律神経系の制御で心臓その他各種臓器の状態変化が起きたとき，それらを検出することを出発点として自分の情動状態を推定したり，目下の課題や環境が危険か否かを判断したりできるかもしれない。心拍などといった内臓感覚をつねに意識的に把握できる人もいるし，たとえ無意識的にせよ，そうした情報を取り入れることで情動や認知などの処理プロセスに影響が及ぶ可能性がある。

■ III　外界の認知の諸側面

1．多感覚相互作用

こうして概観すると，感覚受容の入り口だけでも五感以上に多岐にわたることが見て取れる。また食味体験の例では，入り口としてさまざまな感覚モダリティのデータを取り入れ，統合的に多感覚相互作用の処理をすることこそが味覚の本質であることがわかる。出口としての味わいはあくまで味覚体験として，その情報処理プロセスでその内容が知りたかったおおもとの事物であるところの，口の中の食べ物に定位される。この例に限らず，我々の日常の知覚体験は相当程度が多感覚相互作用の結果であり，ものが見えるということは視覚入力だけによるの

ではなく，音が聞こえるのは聴覚入力だけによるのではない。それを如実に示すのがマガーク効果である（McGurk et al., 1976）。唇を閉じずに発音する音素 /ga/ を言っている人の顔を見ながら，唇を閉じるはずの音素 /ba/ の発声を同時に聞くと，/ba/ には聞こえず，/da/ のように聞こえるというものだ。聴覚情報のみで音声知覚をするのではない。耳でも聞き，眼でも「聞いて」いる。読唇はそれをさらに推し進めた極端な状況で，この場合は眼だけで音声を「聞く」。同様の例は視覚と触覚の間や，さまざまな感覚情報の組み合わせで検証されている。どんな知覚世界を作り出すうえでも，あらゆる感覚情報が総動員されて可能な限りもっともらしい解の推定が行われていると言って言い過ぎではない。

2．注　　意

　あらゆる感覚情報が総動員されて知覚に寄与するといっても，我々の情報処理には認知資源の限界があり，入力情報を取捨選択して重要なものだけで処理を進める必要がある。このような選択を行うのが注意の機能である。知覚内容には我々の注意の向け方が影響を及ぼす場合がある，というよりは，そもそも注意が向いた事物しか我々には知覚できないとまで言ってよいかもしれない。注意が向いた先の事物は，一頭のシカ，一隻の船など，個別の物体としての時空間位置および付随する多くの性質が精緻に解析される。その一方で，それ以外の外界構造は，森や海など，そこにあるらしい景色，情景ジストとして成立させるために，個別の事物の特徴というよりはその景色全体の明るさの平均やばらつきをはじめとした数々の要約統計量が解析される（Rensink, 2000）。

　何かに注意が向くといったとき，大きく分けて，自分から注意を向ける内発性注意と，外界の何らかの出来事によって注意が引かれる外発性注意がある。どちらも日常的に探索行動をするうえでは理に適っているが，その特性ゆえの興味深い現象も多数ある。たとえば，変化の見落としの現象では，画像内に大きな改変が施された 2 枚の画像を交互に見せられると，改変された部分に内発性注意を向けない限りその違いに気づくことができない（Rensink et al., 1997）。また，注意の捕捉の現象では，ある場所に突然目立った刺激が出現すると，外発性注意が自動的に向いて，探しているものがたまたまそこにあればたやすく見つけられるが，別の場所にあると探索効率が悪くなる。それぞれ，「気がまわらない」「気を取られる」といった日常表現で，「気」を「注意」と読めば近いかもしれない。

3．時間知覚

　知覚とは感覚器で受容されたデータに基づいて外界構造を推定する作業である，という命題では，知覚世界の 1 つの重要な次元の有効な説明にはならない。それは時間である。時間とは外界の物理エネルギーではない。物理エネルギーでないものを受容して電気信号に変換することは不可能である。だがそれでも，時間は心の上にありありと感じる知覚体験であるのは間違いない。我々の知覚する時間とは，世界の成り立ち方，物理法則のあり方，事象の因果性などを直観的に理解できる形で心に現すために欠かせない，心的構成概念なのである。

　事象の時間的前後関係に感受性をもつことを「計時」と呼んでよいなら，脳内では異なる時間スケールの計時のために異なるメカニズムが用いられているとされる（Buhusi et al., 2005）。ミリ秒未満の計時が重要になる代表例は音源定位における両耳間時間差であるし，秒未満の時間長に関しては感覚モダリティごとに計時メカニズムを備えることで，時間間隔の知覚だけでなく，視覚運動，音色，肌触りなどの知覚表現にも寄与している。1 秒内外の時間の処理にはさらに，複数の感覚モダリティを結びつける多感覚相互作用が必須であるため，共通の計時メカニズムの存在が示唆されている。数秒以上の時間長に関しては，時間知覚のメカニズム自体の取り扱える範囲を超え，記憶表象の認知処理などが関わるとされる。

◆学習チェック
□　人間の知覚システムが直面している本来解けない問題について，またどうやって解を絞ればいいかについて，理解した。
□　視覚や聴覚をはじめ各感覚モダリティで，物理エネルギーが生体電気信号に変換される仕組みについて理解した。
□　知覚システムで自己や環境を把握する際に，多感覚相互作用をすることが本質的である局面について理解した。
□　何かを知覚することと何かに注意を向けることの間に，深い関連があることを理解した。

より深めるための推薦図書
　北岡明佳編（2011）知覚心理学―心の入り口を科学する（いちばんはじめに読む心理
　　　学の本）．ミネルヴァ書房．

横澤一彦（2010）視覚科学．勁草書房．
重野純（2014）音の世界の心理学 第 2 版．ナカニシヤ出版．
河原純一郎・横澤一彦（2015）注意—選択と統合（シリーズ統合的認知）．勁草書房．
村上郁也編，大山正監修（2011）心理学研究法 1 感覚・知覚．誠信書房．

文　献

Botvinick, M. & Cohen, J.（1998）Rubber hands 'feel' touch that eyes see. *Nature*, 391; 756.

Buhusi, C. V. & Meck, W. H.（2005）What makes us tick?: Functional and neural mechanisms of interval timing. *Nature Reviews Neuroscience*, 6; 755-765.

Damasio, A. R.（1994）*Descartes' Error: Emotion, Reason, and the Human Brain*. Putnam Publishing.（田中三彦訳（2000）生存する脳—心と脳と身体の神秘．講談社．）

Frisby, J. P. & Stone, J. V.（2010）*Seeing: The Computational Approach to Biological Vision*, 2nd Edition. MIT Press.

Goodale, M. A. & Milner, A. D.（2003）*Sight Unseen*. Oxford University Press.（鈴木光太郎・工藤信雄訳（2008）もうひとつの視覚—〈見えない視覚〉はどのように発見されたか．新曜社．）

McGurk, H. & MacDonald, J.（1976）Hearing lips and seeing voices. *Nature*, 264; 746-748.

Nakayama, K. & Shimojo, S.（1992）Experiencing and perceiving visual surfaces. *Science*, 257; 1357-1363.

Rensink, R. A.（2000）Seeing, sensing, and scrutinizing. *Vision Research*, 40; 1469-1487.

Rensink, R. A., O'Regan, J. K. & Clark, J. J.（1997）To see or not to see: The need for attention to perceive changes in scenes. *Psychological Science*, 8; 368-373.

斉藤幸子（1994）ニオイの分類．In：大山正・今井省吾・和氣典二編：新編 感覚・知覚心理学ハンドブック．誠信書房，pp.1401-1412.

第4章

学　　習

澤　幸祐

Keywords　馴化，鋭敏化，古典的条件づけ（レスポンデント条件づけ），道具的条件づけ（オペラント条件づけ），三項随伴性

■　I　学習と行動

1．学習の定義

　ヒトを含む生活体の行動は，時々刻々と変化する。こうした生活体の行動の変化を支えているのが学習である。学習という言葉から，多くの人は「勉強する」というニュアンスを受け取るかもしれない。たしかに何かの勉強をすることは学習ではあるが，心理学においては，それに留まらないきわめて広い現象を指す。

　心理学において学習は，「経験によって生じる比較的永続的な行動の変化」と定義される。たとえば，スポーツの練習を積めば，それまではできなかったことができるようになっていく。これは練習という経験によって生じた行動の比較的永続的な変化であり，学習である。一方で，過度の練習によって疲労がたまると，それまでにできたことができなくなることがある。これは，疲労から回復するともとに戻るような一過性のものであり，学習ではない。同様に，アルコールなどの薬物摂取による行動の変化も，薬物の効果が消えれば行動はもとに戻るため，学習とは見なさない。また，発達や加齢に伴う行動の変化は，特定の経験に依存せずに生じる行動の変化であるため，学習によるものではない。

2．学習研究の実践的意義

　学習研究の目的として，歴史的に重要視されてきたのは，「行動の予測と制御」である。経験による行動変容を扱う学習研究の知見は，生活体の過去の経験から

この先の行動の予測を行うための手がかりを与え，また適切な経験を与えることによって行動の制御を行うことを可能にする。人間の行動はきわめて多様であり，過去の経験のみならず遺伝的背景などの影響を色濃く受けるが，応用場面において人間行動への介入を行うためには，学習のメカニズムを理解したうえで行動の制御要因を明らかにしていくことがどうしても必要である。

　加えて，現代の人間社会においては，しばしば学習という機能によって生じる行動の変容が不適応を引き起こす場合もある。天敵に襲われる可能性の高い場所を避けるように学習することは，野生の動物にとって適応的である。しかし，自宅の最寄り駅で事故に遭うという経験によって，最寄り駅に近づくことができなくなったとするならば，社会生活のうえでは大きな問題となりうる。このように，学習という機能は正常に動作しているにもかかわらず，結果として不適応な行動が獲得されてしまう例は数多く存在する。どのような経験によって不適応行動が学習されたのかを理解し，どのような経験を与えることによって不適応行動を減少させ，また適応的な行動を増加させればよいのかを検討することは，教育や臨床といった応用場面においてはきわめて重要である。

■ II　学習の基本的手続きと現象

1．単一事象に関する学習

①馴　　化

　同一の刺激を繰り返し経験することによって，その刺激に対する反応が弱くなっていく現象を馴化（habituation）と呼ぶ。たとえば部屋の外で工事の音がしていたとして，最初は音に対して何かしらの反応が起こるかもしれないが，徐々にそうした反応はなくなっていくだろう。これは日常で経験する馴化である。馴化は，単一刺激を繰り返し経験することによって生じる比較的永続的な行動変容であり，学習の一例である。

　刺激の繰り返し経験によって生じる行動変容のすべてが馴化によるというわけではない。大音量の音楽を聴くと，一時的に聴覚刺激に対する反応が弱くなるかもしれない。これは，聴覚に関する感覚受容器が一時的に機能しなくなったことによる。あるいは，何度も繰り返し同じ反応を繰り返しているうちに，疲れて身体が動かなくなるなど，運動器の疲労などによる行動の変化も，一時的であるた

めに馴化とは区別される。

感覚器や効果器の変調による行動変容から，学習としての馴化を区別する現象として，脱馴化（dishabituation）が挙げられる。工事の騒音の例でいうと，繰り返し工事の騒音を聞いているうちに騒音に対する反応は減弱していく。その一方で，工事の騒音とは別に雷の音がしたとしよう。雷の音に対しては強い反応が生じるが，そのあとに工事の騒音を聞くと，馴化によって減弱していたはずの音に対する反応が回復する。このように，馴化刺激とは別の刺激の経験によって，馴化した反応が回復する現象を脱馴化と呼ぶ。脱馴化の存在は，先の例でいえば「工事の騒音によって聴覚機能が損なわれていたために騒音への反応が減弱した」といった感覚器の変調では説明できない。

②鋭敏化

刺激の繰り返し経験によって反応が減弱するのが馴化であるが，場合によっては反応がむしろ増強する場合がある。これを鋭敏化（sensitization）と呼ぶ。一般に，鋭敏化は強い刺激を経験した場合に生じる。強い地震を経験し，強い恐怖が喚起されたとしよう。続く余震に対して，恐怖が馴化して減弱していくのではなく，むしろ強い恐怖が喚起されることがある。これが鋭敏化である。

馴化は，基本的には刺激特異的であり，馴化訓練に用いられた刺激に対しては反応の減弱が起こる。馴化訓練に用いられた以外の刺激に対しては，基本的には馴化の効果が強く確認されることはない。それに対して，鋭敏化の効果は刺激特異的ではなく，他の刺激に対しても反応の増強が確認されることがある。地震の例でいえば，強い地震を経験したのちに，停電が起こったとすると，停電に対しても強い恐怖反応が喚起されるだろう。これは刺激に特異的でない鋭敏化の例である。

2．複数事象間の関係の学習――古典的条件づけ

①古典的条件づけとは何か

生活体の生存に重要な刺激の到来や非到来を予測してくれる信号を学習することは，将来の環境変化の予測を可能にし，適応的な行動をとるための手がかりを提供する。ロシアの生理学者パヴロフ Pavlov が発見した古典的条件づけ（パヴロフ型条件づけ）は，こうした学習の基礎過程の 1 つである（Pavlov, 1927）。

　パヴロフはまず，イヌに対してメトロノームの音を聞かせた。メトロノームの音に対して，イヌは強い反応は示さない。続いて，メトロノームの音とエサの対提示を行うと，イヌはエサに対して生得的な反射としての唾液分泌を示す。メトロノームの音とエサの対提示を繰り返すと，イヌはメトロノームの音に対してエサがなくとも唾液分泌を行う。

　この実験で用いられた刺激のうち，エサ刺激は，生得的に唾液分泌反応を引き起こす。このように，生得的に反応を喚起する刺激を無条件刺激（unconditioned stimulus; US），US が喚起する反応を無条件反応（unconditioned response; UR）と呼ぶ。メトロノームの音は，生得的には特段の反応を誘発しないが，エサという US との対提示を行うことによって反応を喚起するようになる。この刺激を条件刺激（conditioned stimulus; CS）と呼び，US との対提示によって獲得される CS への反応を条件反応（conditioned response; CR）と呼ぶ。このように，もともとは中性的な CS と生得的に反応を誘発する US とを対提示することによって，CS に対して新たな CR が獲得される手続きと現象を，古典的条件づけと呼ぶ。我々の日常生活に即せば，梅干やレモンのように食べると唾液が出る食物を見ただけでも唾液が出るのは，古典的条件づけの例である。

② CS と US の時間関係

　CS と US の時間関係と CR の関係については，パヴロフの時代から多くの研究が行われている（図 1）。最も典型的な手続きとして，CS 提示開始が US 提示開始よりも時間的に先行する手続きがあり，これを順行条件づけと呼ぶ。順行条件づけは，さらに CS と US の提示に時間的重複がある場合や，CS 提示終了と同時に US が提示されるような手続きである延滞条件づけと，CS 提示終了から US 提示開始までの間に時間的な空白が存在する痕跡条件づけに分類される。一般には，延滞条件づけ手続きにおいて最も CR の形成が良好であり，痕跡条件づけ手続きにおいては，CS 提示終了と US 提示開始の時間間隔が長くなるほど，CR 獲得が困難になる。

　CS 提示開始よりも US 提示開始の方が時間的に先行する手続きを逆行条件づけと呼ぶ。逆行条件づけ手続きでは順行条件づけほどには CR が獲得されない。また，CS と US の提示開始と提示終了が同時である手続きを同時条件づけと呼び，逆行条件づけと同様に CR の獲得が困難である。

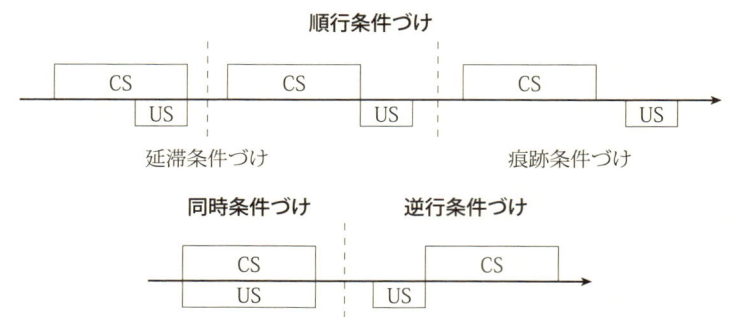

図 1　さまざまな古典的条件づけ手続きにおける CS – US 時間関係

③さまざまな古典的条件づけ手続き——恐怖条件づけ

　パヴロフはイヌを対象として唾液分泌反応の条件づけを扱ったが，多くの種を対象にさまざまな反応を条件づけることが可能である。行動主義の創始者であるワトソン Watson は，アルバートと呼ばれる乳児に対して白ネズミと大きな音の対提示を行った結果，もともと怖がっていなかった白ネズミに恐怖反応を示すようになったことを報告している（Watson et al., 1920）。ワトソンはこの結果から，ヒトにおいて古典的条件づけによって恐怖という情動が学習されること，恐怖症のような臨床的な症状もまた，古典的条件づけによって説明が可能であると考えた。ある先生に怒られたあとに，その先生に会うだけでドキドキするというのは，こうした古典的条件づけの例である。

　実験室においては，動物を対象に音や光刺激を CS，床からの弱い電撃のような嫌悪刺激を US として用いることで，CS に対して恐怖反応を条件づけることができる。この手続きを恐怖条件づけ（fear conditioning）と呼ぶ。恐怖条件づけはヒトでも検討されており，コンピュータ画面に提示される視覚刺激や音刺激を CS，皮膚への弱い電撃などを US として用い，発汗に伴う皮膚電位反応のような生理指標のほか，「電撃が到来する可能性の主観的予期」を指標とした研究が行われている。

④さまざまな古典的条件づけ手続き——味覚嫌悪学習

　食事のあとに，食あたりなどで腹痛や嘔吐を経験すると，そのときに食べたものを嫌いになることがある。これは味覚刺激を CS，内臓不快感を US とした古典

的条件づけであり，味覚嫌悪学習（taste aversion learning），あるいは発見者のガルシア Garcia にちなんでガルシア効果と呼ばれる（Garcia et al., 1955）。味覚刺激が CS として用いられることが一般的であり，US は塩化リチウムのような内臓不快感を喚起する薬物に加えて車酔いのような症状をつくり出す処置によっても生じる。

　味覚嫌悪学習は，そのほかの古典的条件づけ手続きとは異なる特徴をもっている。たとえば，痕跡条件づけ手続きでは CR 獲得が困難になるが，味覚嫌悪学習では，味覚刺激の経験から内臓不快感までの間隔が数時間になっても学習が成立する。また，光や音刺激は電撃と容易に結びつく一方，内臓不快感と結びつけることは困難である。同様に味覚刺激は内臓不快感と結びつくことはあるが，電撃と結びつけることは困難であるといったように，学習が選択的に生じる。セリグマン Seligman は，こうした学習の選択性を準備性（preparedness）と呼び，特定の刺激の組み合わせが学習しやすいように進化の結果として準備されたものと考えた（Seligman, 1970）。どんな刺激の組み合わせでも同程度に学習できるのではなく，そこには生物学的制約が存在する。

⑤古典的条件づけに関する現象

　CS と US の対提示によって CS に対して CR が獲得されるのが古典的条件づけであるが，CS と US の対提示を中止し，CS のみの提示を続けていくと，CR が消失していく。この現象を消去（extinction）と呼ぶ。これは，学習したものが完全に消え去ることを意味しているわけではない。消去によって反応が消失したあとにしばらく時間を経過させ，あらためて CS を提示すると，CR が部分的に回復することがある。これを自発的回復と呼ぶ。また，CR の獲得を行う場所（実験文脈と呼ばれる）と消去を行う場所を変更し，CR が消去されたあとに CR を獲得した場所に戻すと，消去されたはずの CR が復活することがある。これは復元効果（Bouton, 1988）と呼ばれ，不適応な行動の再発といった問題の基盤として広く研究されている。

　CS−US 対提示によって獲得される CR が，条件づけに用いた CS 以外の刺激にも確認されることがある。このように，CS と知覚的に類似した刺激に対してもある程度の反応が見られる現象を般化（generalization）と呼ぶ。ある周波数の音刺激に対して条件づけを行うと，別の音刺激に対しても，周波数の類似性に応じて

反応が確認され，類似性が小さくなるにつれて確認される反応は弱くなっていく（般化勾配）。一方で，ある刺激に対しては US を対提示し，別の刺激に対しては US を対提示せず単独提示するという訓練を行うと，訓練初期には US と対提示されない刺激に対しても般化によって反応が確認されるが，訓練を続けるにつれて，US と対提示した刺激に対しては CR が獲得され，対提示していない刺激に対しては反応が見られなくなる。こうした手続きを分化条件づけと呼び，別々の刺激に対して異なる反応強度が確認されることを分化（differentiation），あるいは弁別（discrimination）と呼ぶ。

3．行動と事象の関係の学習——道具的条件づけ

①道具的条件づけとは何か

　我々の日常生活においては，みずからの行動が環境に対して影響を与え，その結果として環境の変化が生じることが一般的である。生活体の行動によって環境に変化が生じ，そうした環境変化が後の生活体の行動に影響を与えていく学習を道具的条件づけ（instrumental conditioning），あるいはオペラント条件づけ（operant conditioning）と呼ぶ。

　道具的条件づけ研究の出発点は，ソーンダイク Thorndike によるネコを用いた問題箱実験である（Thorndike, 1911）。ソーンダイクは，空腹なネコを問題箱と呼ばれる箱の中に入れ，ネコが問題箱内で特定の行動を行うと，扉が開いて問題箱を脱出し，エサを得ることができる状況を設定し，脱出までの所要時間を測定した。その結果，ネコが脱出するまでの時間が訓練に伴って徐々に短縮されていくことを見出した。この結果に基づき，ソーンダイクは，ネコは試行錯誤学習（trial-and-error learning）によって正しい行動を学習すると考えた。また，生活体にとって満足をもたらす結果を引き起こすような行動が増加していくという効果の法則（law of effect）を提案し，生活体にとっての良い結果は，刺激場面と行動の結びつきを強めると考えた。効果の法則は，スキナー Skinner に受け継がれ，徹底的行動主義（radical behaviorism）と行動分析（behavior analysis）においてきわめて重要な位置を占めることとなった。オペラントという言葉はスキナーによる造語であり，古典的条件づけのように刺激によって誘発される行動をレスポンデント，生活体によって自発される行動をオペラントと呼び，前者に関する学習をレスポンデント条件づけ，後者に関するものをオペラント条件づけと見なした。

②三項随伴性と強化のマトリクス

　オペラント行動の検討のためには，どういった刺激状況（先行事象）で，どのような行動が自発し，行動のあとにどのような後続事象が起こるかを分析することが重要となる。先行事象，行動，後続事象の 3 つの関係を三項随伴性（three term contingency）と呼ぶ。

　行動とその後続事象の二者関係はオペラント行動の理解にとってとくに重要である。後続事象として刺激が提示され，その行動の自発頻度が後に上昇した場合には，その後続事象を正の強化子（positive reinforcer），あるいはたんに強化子（reinforcer）または好子と呼ぶ。講義中に質問をしたら先生からほめられたという経験によって，講義中に質問をする行動が増加したとすれば，ほめられることは強化子として機能したと解釈することができる。また，後続事象の生起によって直前の行動の自発頻度が減少した場合には，後続事象は負の強化子（negative reinforcer），あるいは罰子または嫌子と呼ばれる。講義中に私語をしていて怒られたという経験によって私語が減少したならば，怒られることは負の強化子として機能したわけである。

　行動のあとには必ず何かの刺激が提示されるわけではなく，何かが消失するという環境の変化が生じることで行動の自発頻度が変化することもある。たとえば，傘をさす行動の後には，雨に濡れる状況が消失し，結果として傘をさす行動が増加する。このように，行動と結果の関係については，行動の後に刺激や事象が出現するのか消失するのか，事象の出現・消失によって直前の行動の自発頻度が増加するのか減少するのかの両方が重要である（強化のマトリクス，表 1 ）。行動のあとに刺激が提示され，行動の頻度が増加する手続きを正の強化，逆に行動の頻度が減少する手続きを正の罰，あるいはたんに罰，または弱化と呼ぶ。ある行動のあとに刺激が消失し，その行動の頻度が増加する手続きを負の強化，逆に行動の頻度が減少する手続きを負の罰，あるいは負の弱化と呼ぶ。強化のマトリクスにあるような行動の自発頻度の増加および減少は，古典的条件づけにおける用語と同様に，オペラント行動の獲得および消去と呼ばれる。

　負の強化子，いわゆる罰の提示は，直前の行動を減少させる効果をもつが，実際に生活体の行動を減少させるために用いるには十分な注意が必要であり，多くのケースで推奨されない。罰として機能する嫌悪刺激の提示は，減少させたい行動以外の行動も減少させたり，場合によっては抑うつのような問題を引き起こす

表 1　強化のマトリクス

行動

	増加	減少
出現	正の強化	正の罰
消失	負の強化	負の罰

刺激

ばかりでなく，行動を減少させる効果も一時的かつ場面限定的（罰が与えられる場所でしか行動が減少しない）である。教育や臨床場面，動物の訓練といった場面おいてはとくに注意が必要であり，正の強化子の使用を第一に検討するべきである（島宗ほか，2015）。

③強化スケジュールと累積反応

　どの行動に強化子を提示するのかを定めたルールが強化スケジュール（schedule of reinforcement）である（Ferster et al., 1957）。標的行動すべてに対して強化子が与えられるスケジュールを，連続強化スケジュール（Continuous Reinforcement schedule; CRF)，あるいは全強化スケジュールと呼ぶ。ラットが実験箱の中でレバーを押せば必ずエサがもらえるという状況は，全強化スケジュールの例である。一方で，所定のルールに従って一部の反応にのみ強化子を与えるスケジュールを部分強化スケジュール（partial reinforcement schedule）と呼ぶ。部分強化スケジュールは，どの行動に対して強化子を与えるのかのルールによってさらに細かく分類することができる。

　事前に設定した回数の反応が自発したときに強化子が与えられるスケジュールを固定比率スケジュール（Fixed Ratio schedule; FR）と呼ぶ。一方，強化子が与えられるまでに要求される反応回数が変動する場合を変動比率スケジュール（Variable Ratio schedule; VR）と呼ぶ。反応回数ではなく，時間経過を基準としたスケジュールも存在する。強化子が与えられたあと，一定時間経過したあとの最初の反応が強化されるスケジュールを固定間隔スケジュール（Fixed Interval schedule; FI）と呼び，時間間隔が変動する場合には変動間隔スケジュール（Variable Interval

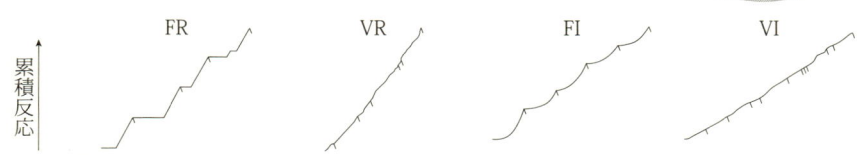

図2　さまざまな強化スケジュールと累積反応のパターン。小さな斜め線は強化が与えられたことを示す（Mazur, 2006 より）

schedule; VI）と呼ばれる。

　生活体の行動は，強化スケジュールの変化に合わせて変化することが知られている。強化スケジュールと反応パターンの関係を明らかにするために，累積反応記録（cumulative response record）と呼ばれるものが用いられてきた。累積反応記録では，縦軸に累積反応数，横軸には経過時間をとることで，グラフの傾きによって反応率の時間的変化を見て取ることが可能になる（図2）。典型的には，累積反応記録からは，FR スケジュールでは，強化のあとに反応が一時的に停止すること（強化後反応休止），FI スケジュールでも強化後に反応率が低下するが，時間とともに反応率が上昇して扇形を描くこと，VR スケジュールと VI スケジュールでは，強化後反応休止が見られず，反応率は一般に VI スケジュールに比べて VR スケジュールの方が高いことなどが観察される。

④刺激性制御

　生活体の行動は時と場所を選ばず起こるわけではない。講義中に質問したら先生にほめられたという経験は，先生に質問する行動を増やすだろうが，誰彼問わずに質問するようにはならない。光刺激が提示されているときにレバーを押せばエサが与えられるが，提示されていないときにはエサが与えられないという状況にラットをおけば，光刺激が提示されているときにだけレバーを押すようになる。ここでいう「先生」や「光刺激」のように，行動の先行事象の中で，行動の生起を制御する機能をもつ刺激を弁別刺激（discriminative stimulus）と呼ぶ。弁別刺激は，古典的条件づけにおける CS や US のように反応を必ず誘発するというものではなく，反応のきっかけを与え，反応の機会を設定することによって行動を制御する（刺激性制御）。複数の弁別刺激が存在する状況で，生活体が弁別刺激の種類に応じて反応を変えるようになることを弁別学習（discrimination learning）と呼ぶ。

　古典的条件づけにおいて見られる般化は，弁別刺激に関しても生じる。ガット
マンほか（Guttman et al., 1956）は，特定の色の反応キーをハトがつつく行動を
強化し，その後にさまざまな色の反応キーに対してハトがどのような反応を示す
かを検討した。その結果，類似した色が提示された場合にはハトはキーをつつき，
類似性が減少するにつれてつつく反応も減少した。このように，知覚的に類似し
た弁別刺激に対しては，道具的行動の般化が生じる。

⑤道具的行動の形成

　適切な三項随伴性と強化スケジュールの設定によって，生活体にそれまでにな
かった新しい行動を形成することができる。これをシェイピング（shaping），あ
るいは反応形成と呼ぶ。新しい行動はそのままではほとんど自発しないため，強
化を与えようにもその機会がほとんどない。そこで，最終的に形成したい目標行
動に少しでも近い行動が生起したら強化を与え，少しずつ強化を与える基準を厳
しくしていくことによって目標行動に近づけていくという手順が必要となる。実
験箱内のラットにレバー押し行動をさせたいならば，最初の段階ではレバーの方
を向いたら強化を与え，次にはレバーに近づけば強化，さらにレバーに手を乗せ
れば強化といったように，徐々に強化の基準を目標行動に近いものに設定してい
く。強化の基準を変化させる際には，できる限り小さい幅で変化させるのが望ま
しいとされる（スモールステップの原理）。このような訓練法を逐次接近法とい
う。

　一方で，どんな行動でも必ず形成することができるわけではない。たとえば，ア
ライグマにオモチャのコインを貯金箱に入れる行動を学習させようとした際に，
アライグマはまるでエサを扱うようにコインをこすり合わせ，貯金箱に入れる行
動の獲得が困難であったという報告がある。これは本能的漂流（instinctive drift;
Breland et al., 1961）と呼ばれ，生得的な行動傾向と新たな自発行動の相互作用
が生じることを示している。

▌Ⅲ　何が学習されるのか

1．古典的条件づけによって学習されるもの

　古典的条件づけ手続きによって何が学習されるのかについては，さまざまな理

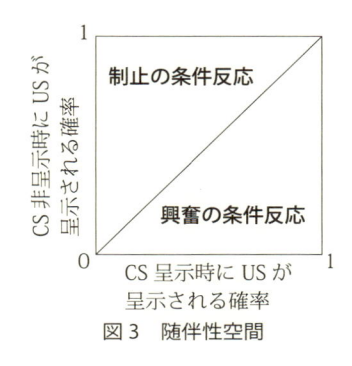

図3　随伴性空間

論が提案されている。歴史的には刺激が直接反応と結びつくという S（stimulus）－R（response）連合理論が中心的であった時代もあるが，現在では CS と US との関係性が学習されると考える立場が優勢である。

　CS と US のどのような関係が学習されるのかについて，レスコーラ Rescorla は随伴性理論を提唱した（Rescorla, 1966）。随伴性理論では，CS の到来・非到来と US の到来・非到来の 2 × 2 のマトリクスに基づいて CS 提示時の US 到来確率と CS 非提示時の US 到来確率という条件つき確率を算出する。これらの条件つき確率を縦軸と横軸にとった随伴性空間を考え，対角線よりも下の場合（CS 提示時の方が非提示時よりも US 到来確率が高い）には CS は US 到来を予測する信号となって興奮の反応を喚起し，対角線よりも上の場合（CS 非提示時の方が提示時よりも US 到来確率が高い）には CS は US 非到来を予測する信号となって制止の反応を喚起すると考える（図3）。随伴性理論以降も，CS による US 予期と実際の US 到来・非到来の誤差に注目して試行ごとの変化を扱うことが可能になったレスコーラ・ワグナーモデルをはじめとしてさまざまな理論が提案され，心理学のみならず神経科学においても援用されている。

2．道具的条件づけによって学習されるもの

　効果の法則に基づけば，道具的条件づけにおいて学習されるもので最も重要なのは，行動と強化子の関係である。子どもが大声で欲しいものをねだるという行動は，大人が欲しいものを与えることによって強化され，さらに大声で欲しいものをねだるようになるし，欲しいものを与えるという行動は子どもが泣き止むことによって強化される。我々は知らず知らずに，行動と強化の随伴性にさらされ，

強化随伴性によって行動を制御されている。

　では，どのような刺激が強化子になりうるのだろうか。古くは，空腹や渇きといった動因を低減する刺激が強化子となると考えられたが，実際には動因の低減とは無関係な刺激も強化子となりうる。そこでプレマック Premack は，刺激が行動を強化するのではなく，行動が行動を強化するという考えを導入した（Premack, 1965）。プレマックによると，生活体が自由に振る舞える際に生起する確率の高い行動は，より生起確率の低い行動を強化することができる。これをプレマックの原理（Premack's principle）と呼ぶ。たとえば，勉強よりもゲームに時間を費やす人に対しては，「勉強すればゲームをしてよい」という状況をつくることで勉強するという行動が増えるだろう。プレマックの原理は，食事やお菓子など大量に与えることが難しい強化子を用いなくとも，教育や臨床場面において強化手続きを導入できることを示したことから，応用的にはきわめて重要である。

　行動と強化子の関係が行動を制御しているということは，いわば「生活体の行動は，強化子を得ることを目的として生じている」ということを示している。レバーを押せばエサが与えられるという実験状況において，味覚嫌悪学習によってエサに対して嫌悪を学習させると，ラットはレバーを押さなくなることが知られている（強化子価値低減）。つまり，ラットはエサを得るためにレバーを押していたのであり，エサが嫌いになればレバーを押さなくなるわけである。一方で，長期間にわたってレバー押し訓練を行うと，エサに対して嫌悪を学習させてもレバー押しが減少しない。これは，エサという強化子を得るためにレバーを押していたのではなく，長期の訓練によってレバー押しが習慣（habit）となり，強化子を得るという目的が失われた状態になっていると解釈できる。こうした習慣化の問題は，薬物やギャンブルへの依存といった問題行動と関連するものとして，近年研究が進んでいる。

◆学習チェック
□　学習の定義について理解した。
□　学習の適応的意義について理解した。
□　古典的条件づけの手続きと現象について理解した。
□　道具的条件づけの手続きと現象について理解した。

より深めるための推薦図書

実森正子・中島定彦（2000）学習の心理―行動のメカニズムを探る．サイエンス社．

小野浩一（2016）行動の基礎―豊かな人間理解のために 改訂版．培風館．

吉野智富美・吉野俊彦（2016）プログラム学習で学ぶ行動分析学ワークブック．学苑社．

メイザー Mazur, J. E.（磯博行・坂上貴之・川合伸幸訳）（2008）メイザーの学習と行動 日本語版第 3 版．二瓶社．

小牧純爾（2012）学習理論の生成と展開―動機づけと認知行動の基礎．ナカニシヤ出版．

文　　献

Bouton, M. E.（1988）Context and ambiguity in the extinction of emotional learning: Implications for exposure therapy. *Behaviour Research and Therapy*, 26; 137-149.

Breland, K. & Breland, M.（1961）The misbehavior of organisms. *American Psychologist*, 16; 681-684.

Ferster, C. B. & Skinner, B. F.（1957）. *Schedules of Reinforcement*. Appleton-Century-Crofts.

Garcia, J., Kimeldorf, D. J. & Koelling, R. A.（1955）Conditioned aversion to saccharin resulting from exposure to gamma radiation. *Science*, 122; 157-158.

Guttman, N. & Kalish, H. I.（1956）Discriminability and stimulus generalization. *Journal of experimental psychology*, 51; 79-88.

Mazur, J. E.（2006）*Learning and Behavior*, 6th Edition. Prentice Hall.（磯博行・坂上貴之・川合伸幸訳（2008）メイザーの学習と行動 日本語版第 3 版．二瓶社.）

Pavlov, I. P.（1927）*Conditioned Reflexes*. Oxford University Press.

Premack, D.（1965）Reinforcement theory. In：D. Levine (Ed.): *Nebraska Symposium on Motivation, Vol. XIII*. University of Nebraska Press, pp.123-188.

Rescorla, R. A.（1966）Predictability and number of pairings in Pavlovian fear conditioning. *Psychonomic Science*, 4, 383-384.

Seligman, M. E. P.（1970）On the generality of the laws of learning. *Psychological Review*, 77; 406-418.

島宗理・吉野俊彦・大久保賢一ほか（2015）日本行動分析学会「体罰」に反対する声明．行動分析学研究, 29; 96-107.

Thorndike, E. L.（1911）*Animal Intelligence: Experimental Studies*. Macmillan.

Watson, J. B. & Rayner, R.（1920）Conditioned emotional reactions. *Journal of Experimental Psychology*, 3, 1-14.

第5章

記　　　憶

川口　潤

 Keywords　符号化と検索，短期記憶，ワーキングメモリ，意味記憶，エピソード記憶，処理水準，転移適切性処理，潜在記憶，フォルスメモリー，自伝的記憶

I　記憶とは

　人は毎日の生活の中で，記憶なしで生きることはできない。たとえば，1カ月前の友人との楽しい会食の経験を忘れてしまえば，その友人との友情をはぐくむことはできない。また日本語を忘れてしまえばその瞬間から人の話が理解できなくなるし，自転車の乗り方を忘れてしまえば，通学できなくなってしまったりする。ふつう記憶あるいは記憶能力というと，試験前の暗記が連想されるため，いわゆる勉強には関わりがあるがそれ以外の生活とはあまり関係しないと思われたりする。ところが実際は，記憶は人間が日常をふつうに生きていくための不可欠な心理的仕組みなのである。本章では，そのような記憶の仕組みについて考えていくこととしよう。

II　記憶の3段階

　普段，「記憶能力がすごい」とか，「記憶能力を上げるにはどのようにすればいいか」とか，「最近記憶能力が落ちてきた」のように，「記憶」という言葉はしばしば用いられるが,このような「記憶」には複数の意味が含まれている。つまり，覚えることと思い出すことが混在している。
　心理学では,記憶は3つの段階,つまり符号化（encoding; 記銘），貯蔵（storage），検索（retrieval）から構成されていると考えられている（Baddeley et al., 2014）。

符号化とは，情報を自分の記憶の中に入力する段階である。たとえば，試験のために読んでいる本であれば印刷されている文字という視覚情報が変換され記憶内に入力される。その1週間後に試験があるとすれば，1週間の間は符号化した情報を貯蔵しておかなければならない。そして，試験のときには貯蔵されていた情報を思い出す必要がある。この情報を取り出すことを検索と呼んでいる。

　記憶がこのような3つの段階から構成されていることを考えると，「思い出せない」という現象は，もともと符号化の段階で適切に情報が入力されていなかったのか，貯蔵段階で失われたのか，あるいは符号化も貯蔵も問題はないのだが，検索に失敗したためであったのか，という原因に分解することができる。記憶の心理学研究では，記憶の働きやその失敗（思い出せないこと）が，どの段階で生じているかの解明が進められている。後に述べるが，符号化の段階と検索の段階における文脈情報も重要な役割を果たしていることがわかっている。

■ III　記憶研究の始まり

　「記憶とは何か」という問いはギリシャ時代の哲学者の議論から始まる。たとえば，プラトン Plato は記憶をろう版（ろうそくのろうで固めた板）という比喩で説明している。ろう版に溝が深く刻み込まれるほど，その溝は消えにくい。つまり強い印象を伴って覚えたものは後でよく思い出せるという日常現象について述べていると考えられる。現代でも記憶痕跡という言葉はしばしば用いられる。ただ，現代の記憶心理学研究では，記憶はたんなる記憶痕跡ではなく，さまざまな複雑なプロセスが関わっていることが知られている。たとえば，記憶の想起は覚えたもの（記憶痕跡）をそのまま思い出すのではなく，思い出す際に記憶の断片が再構成されるという考え方が主流である。そのため記憶の間違いが生じるのである。

1．記憶の実験的研究

　記憶を実証的に測定することに成功した研究者がエビングハウス Ebbinghaus（1850-1909）である。記憶は，たとえば知っている話や好きなタレントのことはすぐ覚えられるように，覚える対象だけでなく，覚えようとする人の知識や興味などによって大きく影響される。そこでエビングハウスは，そのような影響を受

けにくい無意味綴り（nonsense syallable; たとえば英語では「KVY」，日本語では「ヘネ」など）を用いて実験を行った。実験の参加者は彼自身である（現代の心理学では自分自身のみが参加者ということはない）。彼は，学習をした後，何らかの記憶が残っていれば再度学習した場合に効率がよくなるのではないか，具体的には再学習に必要な量（全部覚えるまでにかかる学習回数）が少なくなるのではと考え，その量（節約率）を測定した。図1はその結果である。グラフを見ると，学習後急速に節約率が低下し，その後は

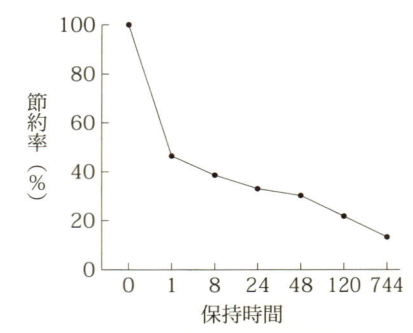

図1　保持時間ごとの学習節約率。学習後の時間が長くなるに従って節約率が低下する，つまり多くの再学習が必要となる（Ebbinghaus, 1885/1913; Baddeley et al., 2014）

なだらかになっていることがわかる。つまり，記憶は急速に忘れられ，その後の忘却は緩やかであるという性質をもつことが実証された。このようなエビングハウスの実験研究によって，記憶という主観的な心の側面を実証的に検証することができることが示された。

　一方，イギリスの心理学者バートレット（Bartlett, 1932）は，無意味綴りのような非日常的な刺激を用いた研究はあまり意味がないと主張し，より意味のある刺激を用いる重要性を指摘した。たとえば，彼は実験参加者Aにある原図を見せて覚えさせた。15分あるいは30分後にその絵を思い出して書いてもらい，その絵を次の実験参加者Bが覚え，思い出してもう，ということを繰り返していく。すると最後には最初の「古代エジプトのフクロウの絵」は「ネコの絵」に変わってしまっていた。この現象は，記憶はろう版に刻まれた溝のように固定したものではなく，想起する人の知識などによって変容することを示している。バートレットは，人がもっている知識をスキーマ（schema）と呼び，スキーマが記憶の想起に大きく影響していることを示したわけだが，このスキーマという考え方は，現代の認知心理学研究においても重要な概念となっている。また，実験室的な研究が日常生活の記憶の働きを反映しているかは生態学的妥当性（ecological validity）という言葉で呼ばれ，日常記憶を考えるうえでの重要な考え方となっている。

2．記憶の認知心理学研究

　バートレットが提唱したスキーマという考え方は，心の中に知識が何らかの形で表象されているというものであるが，それは直接観察することが困難である。その後，外部から観察可能な指標に焦点をあてた行動主義的心理学が隆盛になると，あまり注目されなくなった。また当時の「記憶」研究では心の内部で記憶がどのように表現されているのかといった問題は扱われず，言語刺激を用いて刺激の入力と出力（記憶成績）の関連を見ることに焦点があてられていた。しかし 1960 年前後になって，情報という考え方の発展とともに，このような内的表象を解明の対象とする情報処理的アプローチに関心が集まるようになった。1967 年にはナイサー Neisser が『認知心理学』（*Cognitive Psychology*）という本を出版し，いわゆる「認知心理学」という心理学分野が広く知られることとなった。現代の多くの記憶理論はこの認知心理学が発展するなかで見出されてきた。

　認知心理学が発展するに伴って，たんに記憶成績という出力に注目するだけでなく，そのような指標を用いて心の中で記憶がどのように処理，表現されているのかを解明できるようになってきた。たとえば，まず記憶のモデルを立て，それを実験データによって検証するというアプローチはモデルを用いた代表的な手法である。

　さらに 1990 年代に入ると記憶の働きと脳活動の関係を測定する手法（PET や核磁気共鳴法〔fMRI〕など）がさかんに用いられるようになり，心理実験で得られた行動データ（正答率や反応時間）と脳活動の関連を直接検討することができるようになった（Posner et al., 1994）。心の中での記憶の操作はこれら脳活動の指標に反映しているととらえて，実証的解明がさらに進んできている。また最近では臨床心理学との関連研究もさかんとなってきており，たとえばうつ状態でしばしば見られるネガティブな記憶を繰り返して考えてしまう状態を，記憶制御の不全ととらえて，記憶研究で明らかとなってきたモデルや知見を援用しながら解明しようとする研究も始まっている。

■ IV　記憶の測定法

　心の中（あるいは脳の中）に貯蔵されている記憶を直接観察することはできな

い。そのため，符号化，検索に関わる要因を操作することによって，記憶の詳細な過程の検討がなされている。

このような記憶過程を検討するためには，最終的に記憶を想起する，つまり検索時の成績を測定しその成績を比較する。これまでに記憶想起に関するさまざまな測定法が工夫されているが，代表的なものは以下の通りである。

（1）再生（recall）：覚えている項目を思い出してもらう課題。手がかり（ヒント）なしで思い出す自由再生（free recall）と手がかりを与えて思い出す手がかり再生（cued recall）などがある。
（2）再認（recognition）：実験者が項目を呈示し，それが記憶にあるかないかを答えてもらう課題。1つひとつ項目を呈示してそれを覚えているかどうかを答える方法や複数の項目を呈示しその中から覚えているものを答える方法などがある。

それぞれの反応の正答率を測定するとともに，反応に要した時間（反応時間）も重要な指標として用いられる。さらに生態学的妥当性の観点から日常場面に着目し，普段の記憶現象を手持ちのノートに記録してもらうなど（日誌法），日常場面に即した手法も用いられる。

■ V　代表的な記憶理論

直接目には見えない記憶の仕組みを探る方法の1つは，何らかのモデルを作り解釈していくことである。認知心理学における記憶研究はそのような形で進んできた。最初の代表的なモデルはアトキンソンほか（Atkinson et al., 1968）によって提唱されたものであり，そこでは図2に見られるように3種類の記憶，つまり感覚記憶，短期記憶，長期記憶が区別されている。外界の情報がまずごく短い保持時間の感覚記憶に入力され，その後注意を向けられた一部の情報が短期記憶へと転送される。短期記憶は一時的な情報保存であるが，その後一部の情報が長期記憶へと送られ，半永久的に保持されるというモデルである。

このモデルは心の中で記憶情報がどのように扱われるかをとらえるわかりやすい枠組みを提供するものであり，たとえば短期記憶の仕組みの研究というように，その要素を独立に研究することができるようになった。しかし現在では，記憶の処理はこれほど単純ではないことがわかっている。たとえば，このモデルでは短

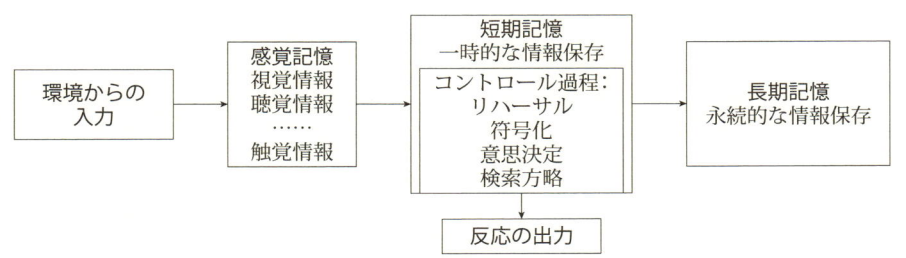

図 2 アトキンソンほかの情報処理モデル（Atkinson et al., 1971）

期記憶と長期記憶は異なったボックスとして描かれており，それらが働く仕組みは別のルールに従っていることを想定している（少なくとも同じルール，関連の強いルールは想定していない）と考えられる。しかし，たとえば単語を一時的に短期記憶に保持するにはそれらを連想関係で意味づけた方が多くの単語を保持できる。「テーブル」「リンゴ」「美術館」という単語を覚えないといけないときには，独立に覚えるより，「テーブルの上にリンゴがおかれている絵が飾られている美術館」というイメージをした方が保持しやすい。つまり，短期記憶内での保持のしやすさに長期記憶内の知識が関連しているのである。このように考えると短期記憶と長期記憶を明確に区別しないモデルの方が適切だと考えられる。ただ，研究のスタート時点では，それまで直接取り上げられることの少なかった心の中の記憶の働きを扱う，非常にいいモデルであったといえよう。

1．感覚記憶

感覚記憶は，視覚においては約 4 分の 1 秒，聴覚においては数秒の持続時間をもつ記憶であり，視覚に関する感覚記憶はアイコニックメモリー，聴覚に関する感覚記憶はエコイックメモリーと呼ばれる。

スパーリング（Sperling, 1960）の実験では，3 × 4 のマス目に 12 個の文字が短時間（50 分の 1 秒）呈示され，全部答えるように求められると，4 〜 5 文字しか答えられないが，音手がかりによって上中下の 1 行の 4 文字のみを答えればいいという条件では 4 文字中 3 文字以上答えることができた。つまり，答える間に消えていったが，最初にはかなり多くの項目が保持されていたと考えられ，このような記憶をアイコニックメモリーと呼んだ。

2．短期記憶

　短期記憶は一時的な情報の貯蔵庫として想定された。どれくらいの情報が保持できるか（容量）については，たとえばランダムな数字を呈示しどれだけ数字を思い出せるかを聞くことによって測定できる（数唱範囲）。一般に 7 ± 2 という容量であることが知られているが（マジカルナンバー 7），その単位はチャンクという単位である。つま

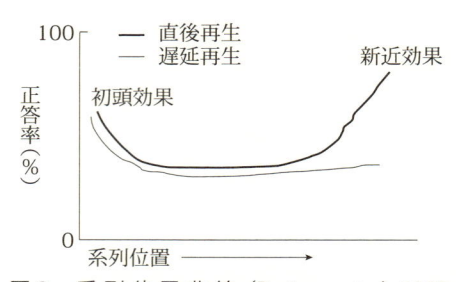

図 3　系列位置曲線（Postman et al., 1965; Baddeley et al., 2014）

り，ランダムな数字として符号化していれば 7 数字程度であるが，語呂合わせをしたりしていくつかの数字を 1 つのまとまり（チャンクと呼ぶ）にすれば（「1，1，5」を「いい子」とするなど），まとまりが 1 チャンクとなるため，より多くの数字を保持することができるわけである。

　短期記憶内の情報は能動的に注意を向けている間は保持されるが，他のことを考えたりすると消失する。短期記憶で情報を保持する最も代表的なものが，その情報を繰り返すというリハーサル（rehearsal）である。たとえば，電話番号を覚えておこうとしてその数字を頭の中で繰り返しておけば保持できるが，繰り返すことをやめると忘れてしまうという現象を考えるとわかりやすい。上に述べた語呂合わせをしたり，リズムをつけたりしても保持することが容易となる。ここでたんに繰り返すことを維持リハーサルと呼び，一方，語呂合わせなどの意味づけをして繰り返すことを精緻化リハーサルと呼んでいる。

　短期記憶に含まれる情報は一様の性質をもっているわけではない。単語を 9 つ順番に呈示しその後再生を求めたところ，図 3 に見られるように最初と最後に呈示された単語をよく思い出すことができた（系列位置曲線）。最初の項目をよく思い出せる現象を初頭効果（primacy effect），最後の方の項目の成績がよいことを新近効果（recency effect）と呼ぶ。ここで，刺激の呈示から再生までの間に妨害課題（たとえば数字の足し算）を行うと後半分，つまり新近効果の見られる部分にのみ影響が出る。すなわち，一連の情報を短期記憶に保持したとしても，最初に符号化した情報と最後に符号化した情報の性質は異なっていると考えられる。

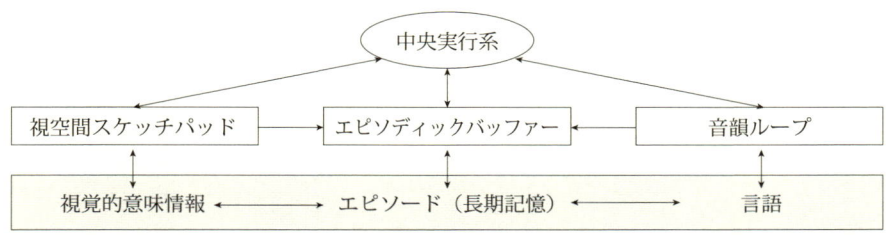

図 4　ワーキングメモリモデル（Baddeley, 2000; Baddeley et al., 2014 を一部改変）

3．ワーキングメモリ

　短期記憶は一時的な情報の貯蔵庫として考えられたが，我々がもつ一時的な情報保持は，たんに記憶すること自体が目的なのではなく，その記憶を使って何らかの作業をすることにある。たとえば，35 × 4 という暗算をする際には 4 と 5 をかけて 20，2 の位を一時的に保存しながら 4 かける 3 を計算する。つまり，情報を保持しながら別の操作を行っている。そこでバッデリー（Baddeley, 1986）は，情報の保存だけでなくその処理をも想定したワーキングメモリという概念を提唱した。

　ワーキングメモリのモデルでは全体をコントロールする中央実行系，下位システムとして音韻ループ，視空間スケッチパッド，エピソディックバッファーが想定されている（図 4; Baddeley, 2000）。音韻ループとは文字通り音韻情報を保持するシステムである。たとえばコンラッド（Conrad, 1964）の実験では，実験参加者は 6 個の子音（たとえば RLBKSJ）を呈示され，その後思い出すことを求められた。その際エラーが生じたがそのエラーは正解と音韻が似ているもの（正解Bに対してエラーのE）が多かった。このことは音韻情報が保持されていることを示している。一方，視空間スケッチパッドは視空間情報を一時的に保持するシステムである。自動車で道路を走っていて次の曲がり角をイメージすることなどがこれにあたる。エピソディックバッファーは後に述べる長期記憶内の情報や他のバッファーとのやりとりをするシステムとして想定されたものであり，当初のワーキングメモリのモデル（Baddeley, 1986）には含まれておらず，後に付加されたものである。複雑な記憶の保持や認知処理は，必要に応じて注意を集中して努力しなければならないことがあるが，このような意識的な努力は心的資源ある

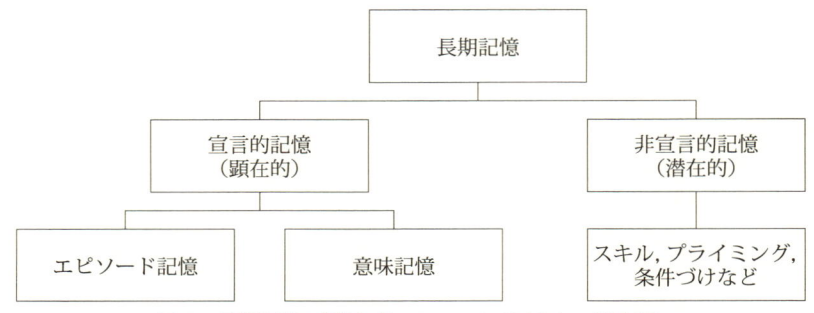

図 5　長期記憶の種類（Squire et al., 1996 を一部改変）

いは処理資源と呼ばれ（容量に制限がある），中央実行系がその配分を担っていると考えられている。

　このような中央実行系，サブシステムは心理学実験のみならず，音韻ループや視空間スケッチパッドが選択的に障害されるという神経心理学的知見，また fMRI を用いた脳イメージング研究によって関与する脳部位が異なることが見出されており（たとえば中央実行系は前頭葉背外側部など），そのモデルの妥当性が支持されている（Baddeley, 2012）。

4．長期記憶

　長期記憶はいわば記憶のデータベースであり，長期記憶情報を検索することによって新聞に書かれている文章の意味を理解したり，昔の出来事を思い出したりすることができる。ただし，たとえば昔の出来事を思い出す際には，写真のアルバムのように記憶をそのまま取り出して思い出しているわけではなく，部分的な記憶を組み合わせて思い出すことが明らかとなっており，そのため，後に述べるような記憶の思い違い（フォルスメモリー）がしばしば生じると考えられる。

　長期記憶はいくつかの種類があることが明らかとなっている（図 5）。言語で表現することのできる記憶は宣言的記憶，言語で表現できない記憶は非宣言的記憶（手続き的記憶）と呼ばれる。宣言的記憶はいわゆる知識を保存している意味記憶（semantic memory）と出来事の保存に関わるエピソード記憶（episodic memory）に分類される。非宣言的記憶は，ピアノの演奏や自転車の乗り方などの記憶であるスキルや，条件づけ，後に述べる，無意識的な記憶現象であるプライミングなどが含まれる。

①意味記憶

　私たちは日本語を読むことがで
きるし，テレビに出ている俳優の
名前も知っている。日本の首都が
東京であることも知っている。こ
のような百科事典や辞書に含まれ
るような知識を意味記憶と呼んで
いる。イヌとは何かといった具体
的な概念も，民主主義とは何かと
いう抽象的な概念もこの意味記憶
の一部である。

　意味記憶がどのように保存され
ているかは，認知心理学がスター
トしてからの大きな問題の1つで
あった。代表的なとらえ方は，意
味記憶内の情報はランダムにある
いはアルファベット順に保存され

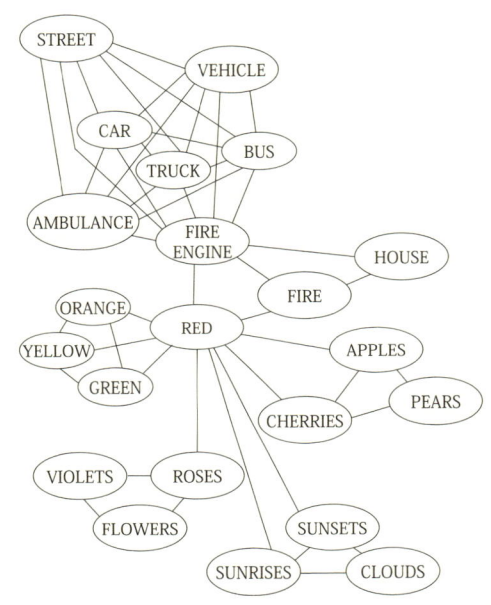

図6　活性化拡散モデルにおける意味記憶表現
（Collins et al., 1975）

ているのではなく，意味に基づいたある種の構造をもった形で保存されていると
いう考え方である。コリンズほか（Collins et al., 1969）は，抽象的概念は上位に
具体的概念は下位になるような階層的ネットワーク構造で表現されると考えた。
またコリンズほか（Collins et al., 1975）は意味的に近いものは近くに遠いものは
遠くに表現される意味ネットワーク構造があるということを提唱した（活性化拡
散モデル；図6）。そのような意味の近さ遠さが判断に影響していることを意味プ
ライミング（semantic priming）と呼ばれる方法で証明した。その方法では，実
験参加者は呈示された刺激が実際の単語（たとえば「nurse」）かランダムな文字
列（たとえば「uwerk」）かの判断を求められた（語彙判断課題；lexical decision
task）が，先行して意味的に関連のある単語（「doctor」）が提示されると無関連
な単語（「butter」）が呈示されたときよりも反応が速くなった。つまり，先行す
る単語によって関連した意味概念に活性化が拡散したためと考えられている。

②エピソード記憶

　自分自身の体験に関する記憶をエピソード記憶（episodic memory）と呼ぶ（Tulving, 1972, 2002）。いつ，どこで，何がという情報が付随する記憶であり，「昨日のお昼にカレーを食べた」とか「小学校の卒業式は運動場の横の体育館であった」などの出来事に関する記憶である。

　代表的な記憶テストである単語の再生や再認テスト，つまり，いくつか単語を呈示してその後にどのような単語があったかを問うテストはこのエピソード記憶を測定するテストである。つまり，「ひこうき，でんしゃ，りんご，……」を覚えてもらいその後思い出してもらうのだが，尋ねているのは「ひこうき」の意味ではなく，先ほどあなたが見た（体験した）かどうかを尋ねているのである。

　記憶想起においては，いつどこでという情報を伴って明確に思い出せる場合（町で出会った人が1週間前の食事会で話をした人だったことを思い出す）と何となく見た気がする（知っている人という感じのみ）という想起状態がある。前者は回想（recollection），後者は熟知性（familiarity）と呼ばれ区別される。記憶想起においてははまず熟知性が自動的に処理されその後に意識的な回想に関わる処理がなされると考えられている。最近の考え方では，たんにいつ，どこで，何がという情報が付随しているだけでなく，その出来事を再体験するかのごとく思い出すことが重要であるという指摘があり，メンタルタイムトラベル（mental time travel）と呼ばれている（Tulving, 2002）。

　エピソード記憶の想起に与える要因は数多くあるが，代表的な現象を紹介しよう。

5．処理水準

　すでに述べたように，私たちはさまざま情報を符号化することによってそれを記憶に保持しているが，その符号化の方法によって想起の成績が変わってくることが明らかとなっている。

　クレイクほか（Craik et al., 1975）は次のような実験を行った。実験参加者は画面に呈示される単語が大文字か小文字か（形態処理），ある音（たとえば weight と同じ音）を含むかどうか（音韻処理），ある文章の空欄（たとえば「彼女は学校の帰りに？？？に会った」）にあてはまるかどうかの判断（意味処理）を求められた。たとえば，FRIEND という単語であれば，形態処理には yes，音韻処理では

no，意味処理では yes と答えればよい。この場合，覚えることは求めていない。その後，単語の再認課題を行ったところ形態処理，音韻処理，意味処理の順に成績が高くなった。つまり，符号化における処理水準の違いによって想起は影響を受けることを示している。

6．転移適切性処理

上記のように，記憶には符号化の仕方が大きく影響していることが明らかとなったが，いつでもそのようになるわけではなく，検索（想起）の条件も大きな影響をもっている。

モリスほか（Morris et al., 1977）は記憶テストを従来の標準的な再認テストに加えて音韻に関する再認テストを行った。つまり，最初に音韻符号化あるいは意味符号化を行った後の再認テストにおいて，ある単語（たとえば car）の標準的な再認テストに加えて，「音韻（たとえば bar）」が含まれていた単語があったかどうかを尋ねる音韻再認テストを行った。その結果，標準的な再認テストでは意味符号化を行った場合の方が音韻符号化を行った場合より成績がよいという，処理水準効果が確認されたが，音韻再認テストでは，音韻符号化を行った場合の方が意味符号化を行った場合よりも成績がよかった。これは，符号化（学習時）と検索（テスト時）に行っている処理が同じ場合に検索が容易となりよく思い出せるということで，転移適切性処理と呼ばれる。ここで注意すべきことは，処理水準の実験では，「覚えなさい」という教示（意図記憶）はしておらず，単語への判断を求めているだけである。これは知らず知らずに情報が保持される現象を反映しており，偶発記憶と呼ばれるが，日常生活の多くは偶発的に情報を符号化することが多いと考えられ，その意味でこの現象は人間の記憶に関わる一般的な仕組みを反映しているといえよう。

7．符号化特殊性

記憶が思い出せないときに，意味的関連のある手がかり（ヒント）を与えられるとよく思い出せることがある。しかし，エピソード記憶の場合は，意味的に関連のある手がかりよりも，符号化時に同時に符号化された情報の方が想起に有効であることが知られている。

タルヴィングほか（Tulving et al., 1973）は，学習時に弱い連想手がかりがある

条件（たとえば「かばん－えんぴつ」）あるいは手がかりなし条件（「えんぴつ」）で学習してもらい，単語（「えんぴつ」）を覚えることを求めた。その後，記憶の再生課題において，手がかりなし，弱い手がかり（「かばん」），強い手がかり（「けしごむ」）の 3 条件でテストを行った。その結果，手がかり再生の場合，弱い連想手がかり（「かばん」）を与えた場合の方が強い手がかり（「けしごむ」）を与えた場合よりもよく思い出せた。これは，意味的連想がしやすい方が思い出しやすいという直感に反する現象である。つまり，エピソード記憶想起の場合は，符号化時にどのような情報が符号化されたか（この例では「かばん」）がきわめて重要であることを示している。

　このように，エピソード記憶の想起は，思い出すべき情報そのものだけでなく，符号化時の関連情報（上記の実験ではついで覚えた手がかり語）が大きな役割を果たしていると考えられる。このような関連情報を文脈と呼ぶ。

■ VI　記憶にまつわるさまざまな現象

1．文脈効果

　ゴッデンほか（Godden et al., 1975）は，単語の再生課題を用いて文脈の効果を調べた。文脈条件は，地上あるいは水中であった。つまり，実験参加者は地上あるいは水中で単語を覚えることを求められ，その後，地上あるいは水中で思い出すことを求められた（再生）。その結果，文脈が一致していた場合（地上で覚え地上で思い出す，水中で覚え水中で思い出す）は一致しない場合（地上で覚え水中で思い出す，水中で覚え地上で思い出す）よりもより多くの単語を思い出すことができた。

　また，アイクほか（Eich et al., 1989）は，楽しい気分あるいは悲しい気分に実験参加者を誘導し，それぞれの気分で単語の学習，再生を求めたところ，気分が一致していた方が一致していなかった場合に比べ成績がよかった。このことは，身体内部の状態も記憶想起に大きな影響をもつことを示している。

　ちなみに，このような気分状態一致している方が記憶想起がよいことを気分依存記憶（mood dependent memory）と呼ぶ。一般に，楽しい気分のときは楽しいことを悲しい気分のときは悲しいことを思い出しやすいが，これは気分一致効果（mood congruent effect）と呼ばれ，別の現象である。

2．潜在記憶

　これまで述べてきた記憶は，すべて「思い出してください」という教示で測定している記憶である。つまり，実験参加者は何らかの形でエピソード記憶を意識していることになる。一方で思い出せない記憶は長期記憶の中から消え去ってしまったのであろうか。

　タルヴィングほか（Tulving et al., 1982）は単語完成課題を用いて，意識的でない記憶を測定した。そこでは，実験参加者に一連の単語（たとえば「しんりがく」）を呈示し，その後，学習していない単語を加えて，再認課題および単語完成課題を実施した。再認課題は「しんりがく」という単語を見たかどうか問うものであり，意識的な記憶を測定しているという意味で顕在記憶（explicit memory）と呼ばれる。一方，単語完成課題は，一部の文字が欠けた文字列を呈示し（たとえば「？ん？が？」），空欄を埋めて単語を作るという課題である。この課題では先に学習した単語を思い出す（意識する）必要はなく，潜在記憶（implicit memory）を反映していると思われる。1時間後の顕在記憶課題（再生）では学習単語がよく思い出されたが，1週間後の記憶テストではかなり成績が低下していた。これは一般的な保持時間の増加に伴う記憶成績の低下である。1時間後の潜在記憶課題（単語完成課題）では，学習した単語を完成する成績の方が（「？ん？が？」から「しんりがく」を作る），はじめて見た単語を完成する成績よりもよかった。さらに1週間後も変化はなかった。また，顕在記憶の成績と潜在記憶の成績には相関がないことが見出された。つまり，「しんりがく」という単語を意識的に思い出せない場合でも「？ん？が？」の穴埋めはよくできるということであり，何らかの無意識的な記憶がその後の課題遂行に影響していることを示すものである。

　このような学習項目を潜在的に検索してその後の課題を促進することを，プライミングと呼んでいる。すでに述べた意味プライミングは意味記憶に関わる現象であり，ここでのプライミングはエピソード記憶に関わる現象である。似た用語であるが違うので間違わないことが重要である。

　またこの潜在記憶を反映するプライミング効果は，単語だけでなく，無意味図形や音，音楽などでも見出されており，現在では記憶に関わる重要な現象であると考えられている。

3．記憶の変容

　すでに述べたように，私たちの体験はエピソード記憶に保存され，必要に応じて検索し，思い出すのであるが，体験そのままを思い出すわけではない。体験はスナップショットのように保存されているわけではなく，部分的な情報を再構成することによって思い出すのである。そのため，思い出された記憶がいつも正しいとは限らない。ただそれほど大きくは間違っていないと考えるのが常識であろう。しかし実際はそうではない。いくつか関連する現象を見ていこう。

①目撃証言の信憑性

　ロフタス（Loftus, 1975）は参加者に自動車事故の映画を見せた後，その内容に関する質問を 2 回行った。直後に行われた 1 回目の質問は，一般的な内容に関する質問 10 問からなっているが，10 問目は参加者を 2 群に分け異なった質問を与えた。グループ A では映画の内容と一致する質問（「"止まれ"の標識を過ぎたとき，白いスポーツカーはどれくらいのスピードで走っていましたか」）を与え，グループ B では映画の内容と一致しない質問（「田舎道を走っていて小屋を過ぎたとき，白いスポーツカーはどれくらいのスピードで走っていましたか」）を与えた。映画には小屋は出てこなかった。1 週間後に再度質問を行ったが，その際，「あなたは小屋を見ましたか」と尋ねた。正解は「見ていない」であるが，「見た」というように間違った記憶を答えた参加者は，グループ A では 2.7％であったのに対し，グループ B では 17.3％であった。つまり，グループ B はさりげなく加えられていた，本来は間違っている質問項目の内容に知らず知らずに影響を受け，記憶を変容させていたと考えられる。

　このように目撃証言の信憑性は必ずしも高くはなく，質問の仕方などによって大きく影響を受けることが多くの研究で明らかとなってきた。一方，影響を受けにくい形で思い出してもらう認知インタビューという手法も開発され，イギリスなどでは実際に用いられている。

②フォルスメモリー（偽りの記憶）

　昔の思い出せなかった記憶が突然思い出されることがある。精神分析を生み出したフロイト Freud は，人は不快な体験を抑圧する（repression）という防衛機

制の仕組みを述べている。精神分析的治療では，現在の心理的問題の背景に抑圧されて思い出せない記憶を思い出すことが重要だと考えられている（Bass et al., 1988）。だとすれば，治療場面においてたとえばトラウマ経験を思い出すことが治療の一環となる。しかし，思い出されたトラウマ体験は実施に経験したことなのだろうか，あるはクライエントが作り出した架空の記憶なのだろうか。

　目撃証言の信憑性で述べたように，記憶は変容しやすい。このことを明確に実験的に示した研究として，ロディガーほか（Roediger et al., 1995）の研究がある（DRM パラダイムと呼ばれる）。その研究では，参加者は聴覚呈示された一連の単語を学習することを求められるが，単語リストはそれぞれ 1 つの単語を連想しやすいように作られていた。たとえば，「つくえ，えんぴつ，のーと，せんせい……」という単語リストは「がっこう」と連想関係にある。この実験では，「つくえ，えんぴつ，のーと，せんせい……」は呈示したが「がっこう」は呈示しなかった。その後の再認テストにおいて，学習語（「つくえ」など）と未学習語（「ひこうき」など）に加えて，「がっこう」（クリティカル語と呼ぶ）について学習したかどうかを尋ねた。その結果，「がっこう」を「聞いた」と答えた割合は実際に聞いた学習語を「聞いた」と答えた割合と差がなかった。さらに，再認反応に関する確認度を尋ねたところ，学習語とクリティカル語で同程度だった。すなわち，参加者は実際に聞いていない単語を自動的に連想し，実際に聞いたとして思い出したのである。さらに確信度に大きな違いがないことは，自信をもって思い出したからといって，その記憶が真実である保証とはならないことを示している。

　何らかの情報を記憶した場合，その見かけや文字などの表面的情報（逐語情報）と意味情報（要約情報）が同時に保持されるが，時間の経過とともに逐語情報は消えていき，要約情報が残りやすいと考えられている（ファジー痕跡理論）。フォルスメモリー現象は，後で人が思い出す際に要約情報に基づいて想起するため，意味的な連想に影響を受けたためだと考えられる。

4．自伝的記憶

　私たちは小学校時代の出来事を思い出したり，自分はどういう人間か（東京に住む学生であるとか神経質だとか）を知っている。このような自分自身に関わる記憶を自伝的記憶（autobiographical memory）と呼ぶ。小学校時代の出来事を覚えているのはエピソード記憶と関連しており，自分自身は何かについては意味記

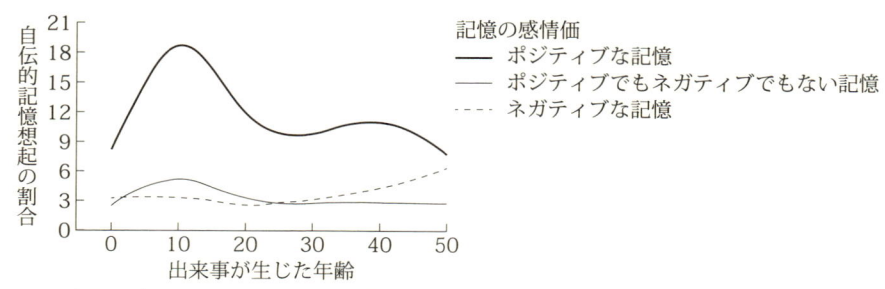

図7　出来事が起こった年齢ごとの自伝的記憶想起（Glück et al., 2007; Baddeley et al., 2014）。
　　青年期の出来事をよく思い出すというレミニッセンスバンプが見られるとともに，それはポジ
　　ティブな記憶に特徴的である

憶と関連していると考えられる。

　自伝的記憶の研究は，日常の出来事を記録してもらい，それをその後思い出し
てもらう日誌法（diary method）やたとえば「学校」という手がかり語から体験
を思い出してもらう方法，中学校時代といった特定の時期や 9.11 のニューヨー
クのテロ事件のような特定の時点を手がかりとして思い出してもらう方法などが
用いられる。

　一般に，5 歳頃以下の出来事は思い出されない（幼児期健忘；infantile amnesia）。
また，15 歳から 30 歳頃の出来事が多く思い出される（Rubin et al., 1986；レミニ
ッセンスバンプ；reminiscence bump）。レミニッセンスバンプがなぜ生じるかに
ついて最も代表的な考え方は，その年代で人生の重要な出来事を経験しているか
らというものである。さらに 50 〜 90 歳の人に思い出した自伝的記憶をポジティ
ブ，ニュートラル，ネガティブに分類してもらうと，とくにポジティブな記憶に
ついてレミニッセンスバンプが見られた（図 7; Glück et al., 2007）。これは，ポ
ジティブな記憶のレミニッセンスバンプが，高齢者が人生をポジティブに振り返
ることができることという心の働きを支えていると考えられている。

▌VII　記憶研究の広がり——人はなぜ記憶をもっているのか

　本章では，認知心理学分野を中心とした代表的な記憶現象や考え方を紹介して
きた。用いられている実験は，単語の学習やその再生といった課題を用いている
ことが多いが，記憶の働きは「覚える」「思い出す」操作の典型であるたとえば試

験勉強の暗記などだけに関わっているわけではない。たとえば，エピソード記憶
の想起は自分自身の思い出の想起であり，それをもとにアイデンティティが形成
されていくと考えられる。このような観点から，記憶研究は健常な大学生を対象
とするだけでなく，高齢者の記憶，日常場面での記憶，脳活動との関連，法心理
学での応用，臨床場面への適用など，さまざまな分野へと広がっている。

◆学習チェック
□　記憶のモデルを理解した。
□　記憶の測定法を理解した。
□　意味記憶について理解した。
□　エピソード記憶について理解した。
□　日常場面における記憶現象を理解した。

より深めるための推薦図書
　日本認知心理学会編（2013）認知心理学ハンドブック. 有斐閣.
　太田信夫・厳島行雄編（2011）記憶と日常（現代の認知心理学 2）. 北大路書房.
　カンデル Kandel, E. R.・スクワイア Squire, L. R.（小西史朗・桐野豊監修）（2013）記
　　憶のしくみ 上下. 講談社.
　高野陽太郎編（1995）記憶（認知心理学 2）. 東京大学出版会.

文　　献
Atkinson, R. C. & Shiffrin, R.（1968）Human memory: A proposed system and its control processes. In: K. W. Spence & J. T. Spence (Eds.): *The Psychology of Learning and Motivation, Vol.2*. Academic Press, pp.89-195.
Atkinson, R. C. & Shiffrin, R. M.（1971）The control of short-term memory. *Scientific American*, 225(2); 82-90.
Baddeley, A. D.（1986）*Working Memory*. Oxford University Press.
Baddeley, A. D.（2000）The episodic buffer: A new component of working memory? *Trends in Cognitive Sciences*, 4; 417-423.
Baddeley, A. D.（2012）Working memory: theories, models, and controversies. *Annual Review of Psychology*, 63; 1-29.
Baddeley, A. D., Eysenck, M. W. & Anderson, M. C.（2014）*Memory*, 2nd Edition. Psychology Press.
Bartlett, F. C.（1932）*Remembering: A Study in Experimental and Social Psychology*. Cambridge University Press.
Bass, E. & Davis, L.（1988）*The Courage to Heal: A Guide for Women Survivors of Child Sexual Abuse*. Harper & Row.
Collins, A. M. & Loftus, E. F.（1975）A spreading-activation theory of semantic processing. *Psychological Review*, 82; 407-428.

Collins, A. M. & Quillian, M. R.（1969）Retrieval time from semantic memory. *Journal of Verbal Learning and Verbal Behavior*, 8; 240-247.

Conrad, R.（1964）Acoustic confusions in immediate memory. *British Journal of Psychology*, 55(1); 75-84.

Craik, F. I. M. & Tulving, E.（1975）Depth of processing and the retention of words in episodic memory. *Journal of Experimental Psychology: General*, 104; 268-294.

Ebbinghaus, H.（1885/1913）*Über das Gedächtnis (On Memory)*. Duncker und Humblot.（English translation by H. A. Ruger & C. E. Bussenius. In Ebbinghaus, H.（1913）*Memory: A Contribution to Experimental Psychology*. Teachers College, Columbia University. 宇津木保訳（1978）記憶について─実験心理学への貢献．誠信書房．）

Eich, E. & Metcalfe, J.（1989）Mood dependent memory for internal versus external events. *Journal of Experimental Psychology: Learning, Memory, and Cognition*, 15; 443-455.

Glück, J. & Bluck, S.（2007）Looking back across the life span: A life story account of the reminiscence bump. *Memory and Cognition*, 35; 1928-1939.

Godden, D. & Baddeley, A. D.（1975）Context-dependent memory in 2 natural environments: On land and underwater. *British Journal of Psychology*, 66, 325-331.

Loftus, E. F.（1975）Leading questions and the eyewitness report. *Cognitive Psychology*, 7; 560-572.

Morris, C. D., Bransford, J. D. & Franks, J. J.（1977）Levels of processing versus transfer appropriate processing. *Journal of Verbal Learning and Verbal Behavior*, 16; 519-533.

Posner, M. I. & Raichle, M. E.（1994）*Images of Mind*. Scientific American Library/Scientific American Books.

Postman, L. & Phillips, L. W.（1965）Short-term temporal changes in free recall. *Quarterly Journal of Experimental Psychology*, 17; 132-138.

Roediger, H. L., & McDermott, K. B.（1995）Creating false memories: Remembering words not presented in lists. *Journal of Experimental Psychology: Learning, Memory and Cognition*, 24; 803-814.

Rubin, D. C., Wetzler, S. E. & Nebes, R. D.（1986）Autobiographical memory across the adult life span. In: D. C. Rubin (Ed.): *Autobiographical Memory*. Cambridge University Press, pp.202-221.

Squire, L. R. & Zola, S. M. (1996). Structure and function of declarative and nondeclarative memory systems. *Proceedings of the National Academy of Sciences of the United States of America*, 93, 13515-13522.

Tulving, E.（1972）Episodic and semantic memory. In: E. Tulving & W. Donaldson (Eds.): *Organization of Memory*. Academic Press, pp.382-402.

Tulving, E.（2002）Episodic memory: From mind to brain. *Annual Review of Psychology*, 53; 1-25.

Tulving, E., Schacter, D. L. & Stark, H. A.（1982）Priming effects in word-fragment completion are independent of recognition memory. *Journal of Experimental Psychology*, 8; 336-342.

Tulving, E. & Thomson, D. M.（1973）Encoding specificity and retrieval processes in episodic memory. *Psychological Review*, 80; 352-373.

言語・思考

山　祐嗣

⌗ Keywords　概念，会話の公準，問題解決，意思決定，効用，演繹推論，ウェイソン選択課題

I　思考研究における言語

1．言語の心理学

　言語とは，人間が音声や文字を用いて思想・感情・意志等々を伝達するために用いる記号体系で，人々の間で，それぞれの記号が何を指すかについての約束や，記号をどのように並べるかといった規則が合意されることによって，そのようなコミュニケーションが可能になる。ソシュール Saussure は，記号あるいは記号表現をシニフィアン，それが意味しているものすなわち記号内容をシニフィエと呼んだ。

　心理学において言語は，言語心理学または心理言語学と呼ばれる領域で研究されている。この領域では，主として，言語理解研究と言語産出研究，言語の起源とその生物学的条件等についての言語発生研究，人間（主として子ども，あるいは第二言語を獲得しようとする成人）の言語獲得研究などがある。言語理解研究には，音声知覚や文字認知から，単語認知，文理解，文章理解，物語理解が含まれ，言語産出研究では，発話意図からどのように発声をコントロールするかというメカニズムや文章を書くことまでが対象となる。さらに，社会的あるいは実用論的な側面として，対話や談話の研究がある。対話や談話は，たんなる言語理解・産出だけではなく，お互いにどの程度知識を共有しているかなどの要因が加わる。本章では，思考と関連した言語研究の領域を紹介する。

2．概　　念

　私たちを取り巻く世界には，さまざまな事物や事象があるが，その多様な複雑性を軽減するために，それらを何らかの基準で等質としてまとめたものが概念である。概念の形成には，規則ベースの理論と類似性ベースの理論があり，前者は，規則やグループ内の共通特徴に基づいてグループ化が行われていることに着目し，後者は，類似性に基づいてグループ化が行われていることを重視する。

　規則ベースの理論では，概念は，この何らかの基準すなわち，規則や共通特徴などが帰納推論によって導かれることによって形成されると考えられていた。帰納とは，いくつかの事例から，それらに共通する特徴を見出す推論で，たとえば，イヌ a は吠え，イヌ b も吠え，イヌ c も吠えるという事態を観察し，「イヌはすべて吠える」という結論を導くような推論が，代表的な帰納である。「吠える」がイヌの共通特徴となる。

　これは，共通特徴に基づく概念観だが，実際に，人間はそのような共通特徴によって概念を形成しているわけではないようだ。ロッシュ（Rosch, 1973）は，共通特徴説からは説明することができない，概念の典型性効果を示した。これは，同じ概念であっても，その典型的なものもあればそうではないものもあるという現象である。たとえば，「鳥」は生物学的にかなり明確に定義されているが，スズメやツバメなど，典型的な鳥がいる一方，ペンギンはあまり鳥らしくない。共通特徴説では，ある概念に属する対象はすべて共通の特徴を含むとされるので，典型性効果を説明することができない。ロッシュは，それを説明するためにプロトタイプ説を提唱している。プロトタイプとは，概念に含まれる事例に何度も接しているうちに形成されるその概念の中心的印象である。これは，共通特徴が抽出されて形成されるわけではない。鳥として典型的であるということはそのプロトタイプに似ているということになる。プロトタイプ説は，類似性ベースの理論として分類されている。

　また，概念は，イヌの上位カテゴリーに哺乳類があり，下位カテゴリーにシバイヌやチワワがあるというように，階層性がある。ロッシュは，この階層性の中で人間の発達の中で最も早く獲得され，最も普通に使用される水準にある概念を，基本水準（basic level）と命名した。何が基本水準かは，個人によっても文化によっても変化する。多くの人にとって，おそらくイヌは，基本水準となるが，イ

ヌのブリーダーの普段の会話では，チワワとかシベリアンハスキーが基本水準と
なるだろう。

　ただし，共通特徴説が典型性効果を説明できないからといって，即座に棄却さ
れるわけではない。規則ベースの理論，類似性ベースの理論がそれぞれ記述する
メカニズムは，互いに補い合うようにして人間による現実の概念形成が行われて
いると推定できよう。すなわち，何らかの規則あるいは特徴を帰納的に導く推論
と，記憶の中にあるプロトタイプと新奇の事例の類似を計算するという両メカニ
ズムが相補的に働いているのである。

3．文章理解

　文理解研究が，1つの文の理解過程の研究なら，文章理解研究は，複数の文か
らなる文章の理解過程の研究である。文理解研究は，チョムスキー Chomsky の影
響を受けて，文の中の単語の意味や文法的位置を示す助詞などの機能語から，文
をいくつかのまとまりに解析するというアプローチが，しばしば用いられる。し
かし，本章では，思考と結びつく文章理解についての研究を紹介しよう。

　図1は，文章理解研究について枠組みを与えてくれたキンチ（Kintsch, 1998）
のモデルを簡略化したものである。彼によれば，文章の理解は，文命題などのミ
クロ構造の理解から，文章全体のマクロ構造への理解へと進む軸と，テクストベ
ースの記述が字義通りに表象化された状態から，既有知識を用いて再解釈された
表象，すなわち状況モデルが構成される状態への変移を表す軸の交差で表現され
る。テクストとは，語源的には言葉によって編まれたものという意味だが，ここ
では言語表現自体を指している。テクストベースから状況モデルへの変移は，ミ
クロ構造理解からマクロ構造理解まで，それぞれの水準において生じている。な
お，ここで用いられている「モデル」は，心の中に構成されるモデルで，それを
操作しながら文章内容を表象するものという意味である。

　ここで用いられる既有知識はスキーマ（schema）と呼ばれ，何らかの予測や説
明を可能にする特定の知識の構造である。たとえば，「おばあさんは川に洗濯に行
きました」という文を理解するために，最低限の単語の意味や文法等の知識が必
要だが，これによって構成されるのがテクストベースである。これが，洗濯がで
きるほどの川とはどれくらいだろうか，また川で洗濯をするというのは洗濯機が
ないのだろうか，ないとすれば非常に貧しいのだろうかという問題を解決するた

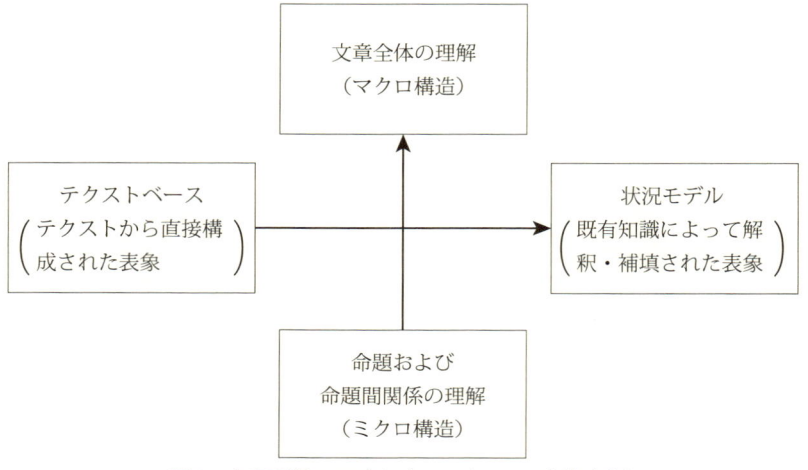

図 1　文章理解のモデル（Kintsch, 1998 を簡素化）

めに，さまざまなスキーマが使用されることになる。このようにして，テクスト
そのままの解釈から，スキーマを利用した解釈に変容していくのが，左から右へ
の矢印で表されている。

　テクストベースの解釈は，原則的にボトムアップである。つまり，入力刺激の
形状分析から始まり意味理解に至る経路をたどる。「川で洗濯」という行為を解釈
する場合，「川」や「洗濯」の意味から，どのような状況が想定されるか，すべて
の可能性が網羅されることになる。河原に洗濯機をもち込み，発電機で洗濯を行
っている可能性も除去できないわけである。一方，スキーマベースの解釈は，ト
ップダウンである。トップダウン処理では，既有知識であるスキーマを使用し，
物語の背景が昔であるというスキーマが使用されれば，洗濯機がない時代であろ
うということで，洗濯機のもち込みの可能性は除去されることになる。また，お
そらく川が生活排水や工業廃水で汚染されている可能性，洗濯の対象がワイシャ
ツやアロハシャツである可能性なども除去され，私たちが共有する解釈に到達す
るだろう。

　このテクストベース解釈からスキーマベース解釈への移行は，たとえば「おば
あさんは川に洗濯に行きました」というような文の解釈というミクロ構造解釈か
ら，文章全体，すなわちマクロ構造解釈にも適用されるようになる。「桃から男の

子が生まれた」「鬼ヶ島に悪い鬼がいる」「イヌとサルとキジがお供になった」などの情報がつなぎ合わされ，鬼退治というスキーマが喚起されて物語全体の理解が行われるわけである。

4．会話の理解

　思考と大きく関係する言語学の領域に語用論がある。語用論は，言語をどのように運用すべきなのかについて議論される言語学の領域で，言語表現とそれを用いる使用者や文脈との関係を研究する。とくに，私たちの日常の会話の論理性について重要な提案をしたのがグライス（Grice, 1975）である。彼の理論では，発話の字義的な意味と，含意と呼ばれる推論によって導かれる意味の区別が重要である。彼は，会話において，暗黙のうちに自分も守り，相手も守っていると期待する原則を4種挙げ，それを「会話の公準」と呼んでいる。それらは，次の通りである。

①質の原則：真実を述べる
②量の原則：必要なだけの情報を述べる
③関連性の原則：関連があることを述べる
④様態の原則：明晰な表現で述べる

　つまり，私たちは，会話の相手に，悪意がない限り，嘘は言わず（質の原則），知っているだけの情報を教えてくれ（量の原則），関連していることを（関連性の原則），自分が理解できるように（様態の原則）話してくれると期待している。したがって，たとえば，話者の言ったことが真実ではないという質の原則への違反がある場合に，私たちは，この話者は真実を知らなかったのか，あるいは嘘をついているのではないかと推論する。

　また，会話の公準は，論理学とは一致しない。たとえば，「Xさんは男性ですか，それとも女性ですか？」という質問に対して，「男性または女性です」と回答すれば，必ず真ということで，論理学には違反しない。しかし，この回答には情報量が決定的に不足していて，量の原則に違反している。この場合の情報量とは，言語表現あるいはテクストから解釈できる状況の可能性をどの程度狭めることができるのかという指標で定義される。「Xさんは男性」の方が「Xさんは男性

または女性」より情報量が多く，また「X さんは 50 代の男性」の方が「X さんは男性」より情報量が多い。

　会話の公準は，論理学とは一致しない日常的な会話を理解するという点で，言語・思考領域の研究に貢献してきた。とくに，Ⅲ節で述べるが，1970 年代，1980 年代には，人間の推論が論理学に一致していないという知見が数多くもたらされた。会話の公準は，論理的であることが必ずしも合理的というわけではないという見解を示し，思考研究に大きな影響を与えた。

Ⅱ　問題解決と意思決定

1．問題解決

　心理学における問題解決（problem solving）とは，何らかの満足できない状態があり，それをどのようにして満足できる状態に導くかを心の中で計画をしていくことである。したがって，問題解決は，思考そのものであるともいえる。人間の精神活動を情報処理として記述する認知心理学は，人工知能研究の大きな影響を受けているが，問題解決研究も，問題解決ができる人工知能プログラムの開発から始まっている。ニューエル Newell ほかは，一般問題解決子（GPS; general problem solver）という問題解決プログラムを作成する試みにおいて，問題解決を，問題が生じている不満な状態を初期状態，問題が解決できた満足できる状態を目標状態として，初期状態から目標状態への変換過程ととらえた（Newell et al., 1972）。また，この変換のための操作をオペレータと呼んだ。人間の実際の問題解決では，オペレータは手段に相当する。

　初期状態，オペレータ，目標状態が心的に表現されたものを，問題空間と呼ぶ。問題空間は，図 2 に示されるように，初期状態を起点とする樹上図で表現されることが多い。この図で，①を初期状態，⑪を目標状態とすると，問題解決とは，①から⑪までたどる経路を探索すること，つまり，問題空間の中の目標状態の探索であると言い換えることができる。たとえばルービックキューブのようなパズルなら，各面で色がバラバラな状態が初期状態であり，それぞれの面が同じ色で統一された状態が目標状態である。目標状態に到達するためには，初期状態から，キューブを回すというオペレータを実行していく必要がある。パズルや初等論理学の証明問題のように，この初期状態，目標状態，オペレータが明確に定義され

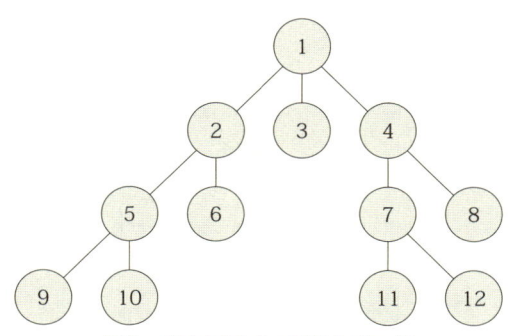

図2　樹上図形式の問題空間の例

たものを良定義問題（well-defined problem）という。しかし，現実の問題には，明確に問題空間を定義できないものが多い。たとえば，「志望校に合格する」とか「お金持ちになる」というような問題解決は，問題空間を明確に表現できない。初期状態，目標状態，オペレータのうち1つでも定義できないものは，不良定義問題（ill-defined problem）と呼ばれている。些細であっても，日常的な問題解決はほとんどが不良定義問題で，たとえば，「最良の昼食を食べるにはどうすればよいか」のような問題は，「最良の昼食」という目標状態の定義が不明確なので不良定義問題である。

　このように思考・問題解決を定義すると，次の問題は，問題空間における膨大な数の選択肢をどのように検討するかということである。ニューエルほか（Newell et al., 1972）のGPSで用いられている第1の手法は，「もしXならば，Yを実行する」というプロダクション・ルールの使用である。このルールは，どのような条件でオペレータを実行するかを示してくれる。Yがオペレータまたは手段に相当し，このルールによって，ある条件Xが満たされたときに実行される。たとえば，図2の状態④において，⑧に移動するオペレータを実行するのか否かは，④における状況がXに一致するかどうかで決定されるわけである。しかし現実にはこのルールでは大雑把すぎ，また不良定義問題にはうまく適用できないので，プロダクション・ルールだけでは問題解決はうまくいかない。そこで，GPSには，手段目標分析（means-end analysis）という手法が取り入れられている。

　この手法には，2つの原則がある。第1は，効用（utility）が最大である手段を選択するという，効用最大化原理である。効用とは，ある選択の結果，どの程

度目標に近づくことできるのかという測度を表し，目標到達を基準とする利得からその実行に要した損失を差し引いたものである。たとえば，窃盗という手段がお金を得るという目標に近づくよい方法かもしれない。しかし，逮捕されて有罪とされる可能性や有罪となった場合を考慮すれば，効用はけっして高いわけではない。さらに，仮に捕まらなかったとしても，良心への呵責に苦しめられる可能性もある。このように，効用は，本質的に主観に基づくものであって，その傾向はとくに不良定義問題において強い。

　第 2 の原則は，最終目標に到達するために，その前に到達しておかなければいけない，あるいは到達しておくと有利な下位の目標を設定することである。たとえば図 2 において，目標状態である⑪に到達するためには，状態⑦にたどり着く必要があるので，⑦を下位目標として設定するわけである。⑦を下位目標とすれば，④はさらなる下位目標となり，①の状態から容易に④に移動することができる。プロダクション・ルールや効用の計算が初期状態からの解決だとすれば，下位目標の設定は，目標状態から問題空間をたどる問題解決である。これによって，私たちは「遠まわり」ができるようになる。たとえば，お金持ちになろうと考えている人にとって，大学進学は，逆にお金を使うことになるので，当初の主観的な効用は低いかもしれない。しかし，お金を得るためには，高等教育を受けることが重要な下位目標だと認識できれば，大学進学という遠まわりが可能になるのである。

　良定義問題であれば，決められた手続きに従って問題を解決すれば，必ず正解に到達する。このような手続きをアルゴリズム（algorithm）という。たとえば，分数の足し算を行うのに，まず通分を行って分母の数を等しくし，その上で分子を足し合わせるという手順は，代表的なアルゴリズムである。計算誤りをしない限り，この方法で正解に到達することができる。分数計算の問題空間には，手順が知られている限り，分岐はない。しかし，解決が知られていないパズルのような場合は，問題空間の個々の選択肢を悉皆的に吟味し，正解に到達する手続きがアルゴリズムとなる。

　ごく限られた良定義問題以外，問題空間の探索は膨大である。ルービックキューブは初期状態，目標状態およびオペレータが定義されている良定義問題だが，問題空間を心の中で表現するのは困難であり，またその探索も膨大となる。さらに，不良定義問題では，そもそも問題空間自体を明確に定義することができない。

このような場合は，人間は，過去に経験した問題解決で，ある程度成功した比較的簡単な手続き，すなわちヒューリスティック（heuristic）を用いることが多い。たとえば，時間給が比較的高いアルバイトを行ったことがある大学生は，お金を稼ぎたいという目標があるとき，似たようなアルバイトを行うという手段をとるかもしれない。お金を稼ぐにはさまざまな手段があるが，それらを1つひとつ検討するよりは，過去にうまくいった手段を用いるのが容易なのである。ただし，ヒューリスティックは必ずしも成功するとは限らない。時間給が高いアルバイトが必ずしも最良の手段であるわけではない。それによって留年をしてしまえば，生涯賃金が低くなってしまう。また，過去の成功が偶然であった場合には，同じことをしても再度成功するとは限らない。さらには，直面する問題が，過去に経験した別の問題と同じだと，誤って認識する場合もある。

2．意思決定

　問題解決の過程において，とくに，複数の可能性の中から，特定の選択肢を選ぶ作業を意思決定（decision making）と呼ぶ。意思決定では，どのように決定すべきかの処方となる規範理論を確立しようとする研究と，人間が実際にどのように意思決定を行っているのかについての記述理論を追及する研究がある。前者はどちらかといえば哲学者の仕事になり，心理学の研究は後者になる。

　規範理論について，意思決定は，確実性下の意思決定とリスク下の意思決定に大別できる。第1は，それぞれの選択肢において，どのような結果が得られるかが明らかな場合で，確実性下の意思決定と呼ばれる。たとえば，飲料の自動販売機において，コーヒーと緑茶のどちらにしようかという意思決定においては，値段も分量も，どのような味かがほぼわかっているので，確実性下であるといえる。第2は，リスク下の意思決定と呼ばれる状況である。この場合，それぞれの選択肢を実行して得られる利得が確率的である。たとえば，ある手術をして，成功すれば完治という高い利得が得られるのだが，その可能性が50％というような場合がこれに相当する。このほか第3として，確率さえも不確実という不確実性下の意思決定もあるが，ここでは割愛する。

　意思決定研究の規範理論においては，問題解決の項で紹介した効用の概念が非常に重要で，基本的に，人間は効用が最も大きいものを選択すると仮定されている。これを原則として，いくつかの効用理論が提唱されているが，代表的なものが，

多属性効用理論（multi-attribute utility theory）と主観的期待効用理論（subjective expected utility theory）である。多属性効用理論は，第 1 の，確実性下の意思決定に用いられる。これは，複数の選択肢をいくつかの属性において比較することを想定している。たとえば，人員を雇用したいという状況で，候補者が，A，B，C であったとしよう。私たちは，それぞれの候補者において，知能，人柄，実績，意欲等の属性を考慮しながら，誰を雇用するかを決定する。多属性効用理論では，それぞれの属性の重要度による重みづけ（通常 0 から 1 までの値をとり，100% 重視する属性なら 1 になる）をし，それぞれの属性の効用が計算され，各選択肢の評価が行われて，最終的な選択が行われる。各選択肢（候補者）の全体の効用は，以下の式のようにそれぞれの属性の重みと効用の積和となる。

$$効用＝重み_{知能}×効用_{知能}＋重み_{人柄}×効用_{人柄}＋……＋重み_{意欲}×効用_{意欲}$$

　第 2 のリスク下の意思決定では，主観的期待効用理論が規範理論になる。ある選択あるいは行為の主観的期待効用は，その起こりうる結果の，各々の主観的確率とその効用の積和として計算される。たとえば，雨が降るかどうか不確実な状況で，傘を持って出かけるかどうかを意思決定しようという場合，

$$主観的期待効用（傘）＝降雨確率×効用_{雨に濡れない}＋晴天確率×効用_{傘を持ち歩く}$$

となる。傘を持ち歩く効用は，多くの人にとってわずらわしいので負の効用となるだろうが，ファッションとして持ち歩きたい場合には，正の効用にもなる。
　両者とも，意思決定における何らかの規範を提供してくれると思われるが，重みと効用の積和で表現される多属性効用理論には，多くの問題が含まれている。最も大きな規範としての問題は，積和（線形性）の仮定である。つまり，「頭が良くて冷たい」人というように，特定の属性値が組み合わされると「頭が良くなくて冷たい」人よりも評価を下げるべきという規範の可能性が生ずる。雇用した場合に，巧みに悪事を働く可能性が高いからである。また，そもそも効用を基礎とする規範理論には，効用自体が非常に主観的であるという問題を内包する。たとえば，私たちは，何も持っていないときにもらえた 1 万円の方が，10 万円を持っているときにもらえた 1 万円よりも価値が大きく感じられる。この現象を説明す

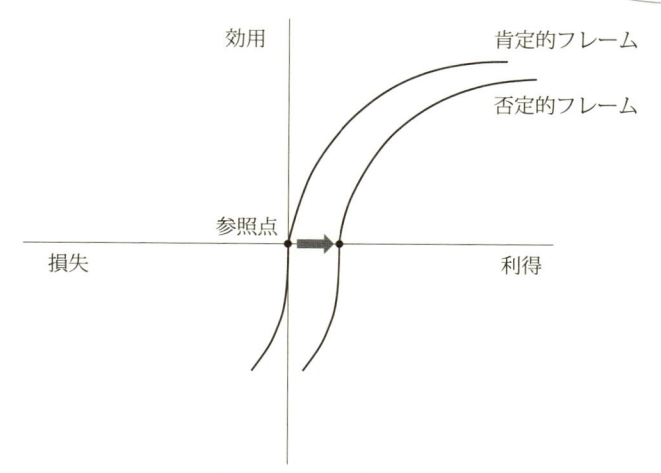

図3　プロスペクト理論による効用関数

（注）　否定的フレームでは，基準となる参照点が，利得側に移動している。

るために，記述理論として，図3に示されるようなS字の価値関数を仮定するプロスペクト理論（prospect theory）が提唱されている（Kahneman et al., 1981）。関数がS字形であるということは，利得と損失の境界付近で，人間が損得に最も敏感であることを示していて，この点は参照点と呼ばれている。

　この記述理論によって，トヴァスキー Tversky ほかが発見したフレーミング効果（framing effect）と呼ばれる現象を説明できる（Tversky et al., 1981）。たとえば，ある病気が蔓延して600人の死者が予想される状況で，下記のどのような対策を採用するかという決定を求められると仮定しよう。

（a）　この対策で，200人が助かる。
（b）　この対策で，600人が助かる確率は3分の1で，誰も助からない確率は3分の2である。
（a′）　この対策で，400人が死亡する。
（b′）　この対策で，誰も死なない確率は3分の1で，600人が死亡する確率は3分の2である。

これらの選択肢はいずれも，死亡が予想される600人中，救済期待値は200人

である。(a) と (a′) はリスク回避的な確実性を求めた選択で，(b) と (b′) は
リスク志向的な選択である。(a) と (b) は肯定的フレームで，両者間で選択を
求められると，(a) のリスク回避型の選択肢が好まれ，(a′) と (b′) の否定的
フレームでは，(b′) のリスク志向的な選択肢が好まれる。

　期待値が同じであるにもかかわらず，選好に差異が生じてしまうこの効果は，
S 次関数とフレームによる参照点の移動という仮定で説明できる。肯定的フレー
ムでは，600 人が死亡する点が参照点になるので，確実に救うことができた 200
人の効用が大きくなるが，否定的フレームでは，誰も死なない点が参照点になる
(図では，利得に移動する) ので，そこからの 400 名の死亡は大変効用が低くな
り，選択が避けられることになる。このように意思決定研究においては，規範理
論と，どのように人間の決定が規範から違反するかを記述する理論とを比較して，
人間の合理性が検討されている。

■ III　推　　　論

1. 演繹推論

　推論とは前提から帰結を導く精神の活動で，論理学では伝統的に演繹推論と帰
納推論に分類される。前提は，事実であっても仮定されたものであってもかまわ
ない。このうち，演繹推論では，前提から論理的必然をもって帰結が導かれなけ
ればならない。たとえば，「ソクラテスは人間である。人間はすべて死ぬ」から
「ソクラテスは死ぬ」を導く三段論法が代表的な演繹推論である。一方，帰納推論
では，いくつかの事例を前提として一般法則が導かれる。すでに，概念の項で記
したように，「イヌ a は吠える，イヌ b は吠える，イヌ c は吠える」という前提か
ら，「イヌはすべて吠える」というように，帰納推論では，形式上は個別命題から
一般命題が導かれる。したがって，帰結に求められるのは蓋然性であって，論理
的必然性ではない。

　演繹推論は，前提に条件節を含む条件推論と，含まない定言推論に分類するこ
とができる。定言推論の典型的な例は，先ほど挙げたソクラテスの三段論法だが，
近年の多くの研究では，条件推論が用いられている。この形式は，「もし p なら
ば，q である」という条件文に，表 1 に示されるように，「p は真」(肯定式)，「q
は偽」(否定式)，「p は偽」(前件否定)，あるいは「q は真」(後件肯定) のいずれ

表1 条件文（もしpならば，qである）に対応するモデルの数と，肯定式，否定式，後件肯定および前件否定それぞれにおける予測回答

モデルの数	1個 p q ……	2個 p q ¬p ¬q ……	3個 p q ¬p ¬q ¬p q
肯定式（p）	q	q	q
否定式（¬q）	解答不能	¬p	¬p
後件肯定（q）	p	p	妥当な帰結はない
前件否定（¬p）	解答不能	¬q	妥当な帰結はない

（注）　¬は否定を表す。また，下線で示したものが模範解答である。

かが組み合わされる。肯定式では「qは真」，否定式では「pは偽」が導かれる。前件否定では「qは偽」，後件肯定では「pは真」が導かれやすいが，これはどちらも誤りで，両者とも「妥当な帰結はない」が正解になる。

　この困難さの差異を説明するものとして，ジョンソン゠レアード Johnson-Laird が提唱したメンタルモデル理論がある（Johnson-Laird, 1983）。メンタルモデルとは，知覚的にほぼ実体と同形態の具体的な表象として構成されるもので，推論における前提を理解したり，帰結を導いたりするための心の中の作業用モデルで，単語や文の意味を表現するものと仮定されている。そして，解決に必要なモデルの数が多いほど，限界がある認知容量を圧迫して誤答が多くなるというように，難易度の差異を説明している。表1において，「もしpならば，qである」という条件文の第1のモデルとして，pもqも真とする事例が構成される。このモデルを使用すれば，肯定式は容易に帰結を導くことができる。しかし，このモデルだけでは，「qは偽」が与えられても，何も導くことができない。pもqも偽である事例が可能であるという第2のモデルを構成することによって「pは偽」を導く否定式の推論が可能なのである。同じように，前件否定や後件肯定からは妥当な帰結を導くことができないことを理解するためには，3種のモデルが必要になってきて，理解することが最も困難なのである。

　条件推論を変形して，条件文の真偽を検査する手続きを問うという形式にした課題が，ウェイソン選択課題である（Wason,1966）。代表的なものが図4に示される。条件文は，前件が真で後件が偽である事例によってのみ偽とされるので，

　表にアルファベット，裏に数字が印刷されているカードがあり，それらのうち，4枚が以下のように並べられている。

　これらのカードにおいて，「もし表が B ならば，裏は 3」というルールが正しいかどうかを調べたい。そのためには，どのカードの反対側を見る必要があるか。

図4　ウェイソン選択課題の例

正解は「B」と「6」だが，多くの人は，「6」の代わりに「3」を選択してしまう。この課題の正答率は，大学生でも 5 〜 10％と大変低いのだが，内容を変形すると正答率が飛躍的に上昇することが知られている。たとえば，条件文を「もし飲酒するならば，20 歳以上である」として，「ビール」「ジュース」「20 歳」「15 歳」のうち誰を調べる必要があるかという形式では，「ビール」と「15 歳」という正答率が高いことが知られている。これを主題化促進効果と呼び，この現象をどのように説明するかによって，人間が推論を行うときにどのような形式の知識が用いられるのかが検討された。この議論は，推論領域だけではなく，認知全体の問題で，人間の知識がどんな領域にも適用可能であるというように領域普遍的（domain-general）なのか，特定の領域からの刺激のみに適用されるとする領域固有的（domain-specific）なのかという問題と結びついている。抽象度の高い論理式などは，どのような内容にも適用できるように決められているので，もしそれを使いこなせれば領域普遍的となるが，上記のように，飲酒と年齢の関係でのみ推論が可能とすれば，領域固有的になる。

　チェン Cheng ほかは，人間が推論に用いるのは，真や偽についての抽象的な論理ではなく，「しても良い」「してはいけない」などの行動についての実用的な知識，すなわち実用的推理スキーマ（pragmatic reasoning schemas）であるとする理論を提唱している（Cheng et al., 1985）。この知識は，図 4 にあるような課題では使用されにくいが，飲酒と年齢の課題では使用されやすいのである。「許可」や「義務」についてのこのスキーマは，軽い領域固有性を示しているとされる。これが進化的に形成されたと考えたのが，コスミデス Cosmides である（Cosmides,

1989）。進化心理学者たちは，利己的な遺伝子の乗り物であるはずのヒトを含めた動物が，どのようにして利他性を進化させたかという問題に取り組んできた。進化適応上，純粋な利他行動はありえず，互恵的であってはじめて適応的になる。そのためには，互恵性に対して違反する騙し屋に対して敏感でなければならない。彼女は，騙し屋を探索するアルゴリズムが進化によって形成され，それが利得を受け取るならば対価を払わなければならないとする社会契約として生得的に人間に備わっていると主張した。その結果，事例が騙し屋（上の例ならば，20歳になっていないのにアルコールという利得を得ようとしている人）と認識されれば選択されやすくなるというように主題化促進効果を解釈した。この主張は，進化という説明をどの程度受け入れるかという点で議論を呼んでいる。

2．帰納推論——アナロジー推論

　演繹推論は，人間の合理性についての議論においての材料となるが，帰納推論は，どちらかといえばより広範な推論事象に関わっている。帰納が概念形成の一側面であることはすでに記したが，この項では，アナロジー推論について説明する。アナロジー推論とは，対象Ａと対象Ｂが似ているとき，Ａがもっている特徴をＢももっていると判断する推論である。ＡとＢが帰納推論における個別事例に相当するが，通常の帰納推論の形式と異なる点は，ＡとＢに共通する特徴を帰納するのではなく，Ａの特徴をＢももつと推論する点である。これは，推論研究というよりは，問題解決研究として扱われている。

　たとえば，ジックGickほかは，放射線問題と呼ばれる課題を考案している（Gick et al., 1980）。この問題は，胃がんの患者の患部に放射線を照射して治療するのだが，治療に十分な量の放射線だと周辺の健康な細胞まで破壊してしまうが，弱い放射線だとがん細胞自体を破壊できないという状況で，どのような方法が考えられるかというものである。この問題は非常に難しく，正解（現在，実際に放射線治療で用いられている方法）に到達できる人は非常に少ない。しかし，事前に次のようなストーリーが与えられて，その解決ヒントが役立つと教示されると，正答率が劇的に上昇する。それは，四方八方から道路が通じているある砦を攻略しようとするのに，多数の兵を一本の道路から侵入させると地雷の被害が生ずるので，将軍は兵を小部隊に分け，それぞれの部隊が各々の道路から砦を攻略したというものである。

　このヒントによって，砦ストーリーにおける一本の道路から大量に兵を送ると被害が大きいという点が，一方から大量の放射線を照射すると健康な細胞に被害があるという点に対応することが理解されれば，多数の道路から小部隊を送り込むという方法を適用して，多方向から少量の放射線を患部で集中するように照射するという正答に到達できるのである。つまり，砦が胃がん，兵が放射線，道路が放射線経路にそれぞれ写像され，砦攻略で成功したこの方法を，放射線問題に適用することで解決が行われるわけである。問題解決と意思決定のII節において，ヒューリスティックと呼ばれる，過去に経験した問題解決である程度成功した比較的簡単な手続きが人間の問題解決で用いられやすいと記しているが，放射線問題でも，このヒントによってヒューリスティックの使用が促進されるのである。

3．確率推論

　確率推論研究では，たとえば，鳥インフルエンザで死ぬ確率を推定させるような，これまでの経験からの確率を推論させるものと，確率論に従えば正答を導くことができる推論が用いられている。いずれの研究においても，統計上の確率や規範としての確率論から，人間の推論がいかに逸脱しているかが示されてきた。ここでは，後者の研究例を紹介する。

　トヴァスキー Tversky ほかは，たとえば，学生時代に女性差別運動や反核運動に関わってきたリンダという女性が，卒業後 10 年経って，「銀行員である」確率と「銀行員でかつフェミニスト運動家である」確率の比較を行わせた（Tversky et al., 1983）。これはリンダ問題と呼ばれる問題だが，多くの人々は後者の確率が高いと判断する。しかし後者は，「P（銀行員）かつ Q（フェミニスト運動家）」という連言事象なので，確率論的には P（銀行員）以下のはずである。にもかかわらず「銀行員でフェミニスト運動家」の確率が高いとするこの誤った判断は，連言誤謬と呼ばれている。この誤謬は，代表性ヒューリスティックスによるものとして説明される。すなわち，人々は，リンダについての文章から彼女を代表するようなイメージを描き，そのイメージに最もうまく一致する選択肢の確率が高いと判断するわけである。この代表性ヒューリスティックスは，コインを 4 回連続で投げて「表表表表」と出るよりも，「表表表裏」と出る確率の方が高いと判断してしまう「ギャンブラーの誤謬」という現象も説明する。どちらの事象も 0.5^4 で，両者は等確率なのだが，前者よりも後者の方が，ランダム性を代表している。一

般に，ランダムな事象は生起確率が高く，後者の確率が高いと判断されやすいのである。

　リンダ問題は，どちらかというと「ひっかけ」のような課題だが，次のような課題はかなり難しい。

　　1000分の1が感染している病気の感染の有無を調べる検査において，感染していないのに陽性となる確率が5%であるとする。もしある人が陽性と判明したとき，その人の病気の兆候などを一切知らないと仮定して，本当にその病気に感染している可能性はどの程度か？

　これは，任意のある人が感染している事前確率（この場合，0.1%）が与えられ，誤差を含む「陽性」という情報が得られた結果，どのように事前確率を修正して事後確率を導くべきかという課題である。これまでの研究における正答率は大変低く，多くの人々は感染の確率を実際よりも高いと判断してしまう。しかし，正答のためには，圧倒的多数の感染していない人々において5%の確率で陽性反応が生ずるということを考慮して陽性反応者全員に対する感染者の比率を求める必要がある。もし1000人がいれば，非感染者は999名で，陽性反応は約50名である。実際の感染者は1名（そして，確実に陽性反応である）なので，正答は，1÷約51となり，約2%である。この誤答現象は，感染している事前確率が1000分の1という情報が無視されて，5%という検査の誤差だけが考慮されて生じたもので，事前確率無視または基礎比率無視（base-rate neglect）のバイアスと呼ばれている。

　この課題では，1000分の1や5%という確率表現形式の代わりに，「1000人のうち1人」や「1000人のうち50人」という頻度表現形式で情報が与えられると，高い正答率を得られるという効果が観察される（Gigerenzer et al., 1995）。この解釈をめぐって，2つの立場から論争が起きている。ギガレンツァー Gigerenzerらの進化心理学者は，野生の狩猟採集社会で進化した人間の認知機構には，文明社会の算術や数学において考案された確率表現形式よりも，頻度表現形式の方が適しているためにこの効果が生じていると解釈している。つまり，野生環境では，たとえばある方向に10回狩猟に行くと，5回は獲物に遭遇するという形式で頻度が学習されたというわけである。

　しかし，一方で，頻度表現形式にすると，上記の説明のように，感染していないのに陽性反応が出る人が 1000 人のうち約 50 人もいるというように，集合関係が理解されやすくなる。この理解の容易さで説明できれば，わざわざ進化概念をもち出す必要もない。ウェイソン選択課題の主題化促進効果をめぐっても，進化心理学の解釈を受け入れる立場とそうではない立場の論争が続いており，推論研究の大きな問題の 1 つである。

◆学習チェック
- □　思考と言語の関係を理解した。
- □　問題解決研究の問題を理解した。
- □　意思決定研究の意義を理解した。
- □　推論における人間の誤謬と理論を理解した。

より深めるための推薦図書

　マンクテロウ Manktelow, K.（服部雅史・山祐嗣監訳）（2015）思考と推論―理性・判断・意思決定の心理学．北大路書房.

　楠見孝編，日本認知心理学会監修（2010）思考と言語（現代の認知心理学 3）．北大路書房.

　森敏昭（2001）おもしろ思考のラボラトリー（認知心理学を語る 3）．北大路書房.

　繁桝算男（2007）後悔しない意思決定．岩波書店

　辻幸生編（2001）ことばの認知科学事典．大修館書店.

　山祐嗣（2015）日本人は論理的に考えることが本当に苦手なのか．新曜社.

　　文　　　献

Cheng, P. W. & Holyoak, K. J.（1985）Pragmatic reasoning schema. *Cognitive Psychology*, 17; 391-416.

Cosmides, L.（1989）The logic of social exchange: Has natural selection shaped how humans reason? Studies with the Wason selection task. *Cognition*, 31; 187-276.

Gick, M. L. & Holyoak, K. J.（1980）Analogical problem solving. *Cognitive Psychology*, 12; 306-355.

Gigerenzer, G. & Hoffrage, U.（1995）How to improve Bayesian reasoning without instruction: Frequency formats. *Psychological Review*, 102; 684-704.

Grice, H. P.（1975）Logic and conversation. In: P. Cole & J. L. Morgan (Eds.): *Syntax and Semantics, Vol.3: Speech Acts*. Academic Press, pp.41-58.

Johnson-Laird, P. N.（1983）*Mental Models*. Harvard University Press.（海保博之監修，AIUEO 訳（1988）メンタルモデル―言語・推論・意識の認知科学．産業図書.）

Kahneman, D. & Tversky, A.（1981）Prospect theory: An analysis of decision under risk.

Econometrica, 47; 263-291.

Kintsch, W.（1998）*Comprehension: A Paradigm for Cognition.* Cambridge University Press.

Newell, A. & Simon, H. A.（1972）*Human Problem Solving.* Prentice Hall.

Rosch, E.（1973）On the internal structure of perceptual and semantic categories. In: T. E. Moore (Ed.): *Cognitive Development and the Acquisition of Language.* Academic Press, pp.111-144.

Tversky, A. & Kahneman, D.（1981）The framing of decisions and the psychology of choice. *Science*, 211; 453-458.

Tversky, A. & Kahneman, D.（1983）Extensional versus intuitive reasoning: The conjunction fallacy in probability judgment. *Psychological Review*, 90; 293-315.

Wason, P. C.（1966）Reasoning. In: B. M. Foss (Ed.): *New Horizons in Psychology 1.* Penguin, pp.135-151.

第 7 章

動機づけ・感情

中村　真

🔑 *Keywords*　欲求，動因，誘因，進化，基本感情，
快・不快，覚醒度，表情

　夜遅くまでプレゼンの準備に取り組んだ。テーマは感情研究の歴史だ。眠くて仕方がなかったし，途中からはお腹も鳴り始めて困ったが，締め切りまで時間もないので，頑張った。はじめは，歴史はもともと苦手科目だったと，気分もあまり乗らなかったが，いろいろと調べてみると，先人たちが，今，自分が考えるよりも斬新で深い考察をしていることに感銘を受け，興味が深まった。レポートが終わっても，もう少し調べてみたいと思うようになった。明日，クラスメイトとこのテーマで話をすることが楽しみだ。

　日常を振り返ると，この例のように，眠気，飢え，目標達成のような行動に駆り立てる力（動機づけ）と，興味や退屈，喜怒哀楽などの感情が，時に前景となり，時に背景となりつつ，私たちの生活を彩っている。この章では，このように，つねに私たちとともにある，動機づけと感情について説明する。

▎ I　動機づけ

　動機づけとは，行動の原因となる潜在力（potential）として，行動を一定の方向に向けて生起させ，持続させる過程や機能の全般を指す。広義には，反射をはじめ，本能，生理的欲求，感情，言語を含む，さまざまな思考や行動の源泉を指すとする考え方や，知覚，学習，思考，発達をはじめとするすべての行動の発現と維持に関わるすべての要因を含んだ概念とする考え方もある。

　眠気が睡眠を促したり，締め切りがレポートの作成を促したりというように，動機づけのエネルギーは種々の思考や行動を生起させる。ここでは，一般的に，

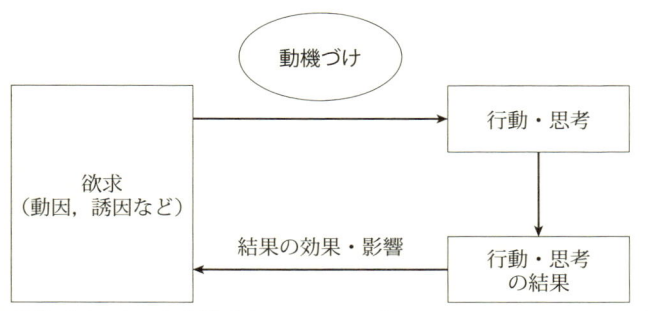

図1　動機づけるものと動機づけられるもの（今田ほか，2015，図1-4を改変）

そのエネルギーの源が内的な状態に関係している場合を動因（drive），外的な事象に関係している場合を誘因（incentive）とし，両者を総称する用語として欲求（need）を用いることにする。つまり，動因とは，飢えや渇きといった生理的欠乏状態のような内的要因に関係し，一方，誘因とは，おいしそうなケーキ，よい香りのコーヒーといった外的な要因を指す。さらに，動因，誘因のほかにも，本能や感情，目標など，さまざまな生物学的，心理的要因が，欲求として思考や行動を引き起こし，方向づけると説明することができる（図1参照）。なお，たとえば，空腹という動因によって動機づけられた行動により獲得したケーキを食べた結果，胃がほぼ満たされれば，空腹の動因レベルは低下し，新たな行動を動機づけることはなくなるというように，動機づけられた行動の結果，原因となる欲求のエネルギーは低減したり増大したりすると説明することができる。

　一般的には，動機づけは，生理的欲求を中心にした一次的動機づけ，発達の過程で獲得された二次的動機づけ，さらに，内発的動機づけのように，これらのいずれにも該当しない種類の動機づけに分類される（今田ほか，2015；上淵，2004）。

1．一次的動機づけ

　一次的動機づけとは，飢え，渇き，睡眠，体温維持のような動因によって生じる基本的な生理的欲求を実現しようとする行動を引き起こす。生理的欲求は，生物として生き残るための生物学的必要（need）でもあり，自己保存と種の保存などの本能を想定した理論もあるが，一般的には，とくに生理的過程に注目し，個体内の生理的均衡状態であるホメオスタシス（homeostasis）を維持するために生

じると説明される。

　たとえば私たちが経験する空腹感は，胃が空になったり，血中ブドウ糖濃度の低下が視床下部にある空腹中枢に作用したりすることで生じるが，食物を摂取することでブドウ糖濃度が上昇すると空腹感は低減し，食物摂取を促す動機づけは弱まる。ブドウ糖濃度がさらに上昇すると，やがて満腹感へ変化し，食物摂取を促す動機づけは消失することになる。渇きや体温の維持などのホメオスタシスの調節，維持には，このような欲求と動機づけのプロセスが重要な役割を果たしている。

　一次的動機づけには，ホメオスタシスの調節，維持に直接関係した欲求以外にも，痛み回避，攻撃と防御，性的欲求，養育欲求などがある。これらの欲求は，私たちが個体として生存し続けること，子孫を残すことに強く結びついており，それを行動として実現させようとする仕組みは，最も基本的で，生物学的動機づけということができるだろう。

　ただし，人間の行動は，単純に 1 つの一次的動機づけで説明することはできない。空腹を例に説明すれば，飢えという動因に加えて，食べ物がおいしそう，よいにおいがするといった誘因の影響も重要となる。実際には，内的空腹状態としての動因と，食べ物の外的魅力である誘因の効果が相まって，欲求の度合いは変化し，食物摂取の動機づけに影響を与えることになる。さらに，何がおいしそうかということになると，次に説明する二次的動機づけも密接に関係することになる。

2. 二次的動機づけ

　二次的動機づけは心理的欲求に基づくものと考えられ，本能や生理的過程とは独立に，人間の認知発達，社会発達の過程で獲得された動機づけであり，同時に，人間の発達を促す機能を有すると考えられる。二次的動機づけは，さらに，社会的欲求，認知的欲求などに分けることができる。社会的欲求には，達成欲求（need for achievement），承認欲求（need for approval），支配欲求（need for power），親和欲求（need for affiliation），養護欲求（need for care）などがあり，集団の一員として社会の中で自分の役割を果たし，他の人たちとうまくやっていくことを動機づける（池上ほか，1998）。

　達成欲求とは物事を成し遂げようとする動機づけのことであり，達成欲求が高

い人はそうでない人よりも，より高い目標に向かい，目標達成のために工夫をし，継続的に努力をする傾向がある（McClelland, 1985）。また，人と良好な関係を構築し，維持したいという親和欲求は，とくに，自分と似た性質をもつ人や自分に好意的な人に対して働き，相手に近づき，協力し，喜ばせようとする行動を引き起こす。

　私たちは，また，物事の因果関係を知りたいと非常に強く動機づけられている。たとえば，他者の振る舞いの原因を，やさしさや冷たさといった人格的性質で説明することは日常的であるし，雷の仕組みがわからなかった時代には，雷神という神様を想定して，その神様が稲妻を光らせたり，大きな音を立てたりするという説明をしたのである。私たちは，科学的正確さはさておき，とにかく説明されることを求める理解・証明欲求をもっているといえるだろう。

３．その他の動機づけ

①内発的動機づけ

　私たちの行動の中には，遊びや芸術活動のように，そうすること以外には明確な目標がないものもある。自律的で，活動すること自体が目標となっており，そうすることを快と感じ，達成すると有能感が得られるような行動が生じている場合，それを引き起こす動機づけを，内発的動機づけと呼ぶ（e.g., Deci, 1975）。内発的動機づけは，好奇心などと呼ばれることもあるが，このような行動は，入力された刺激と何らかの内的な基準とのずれによって発現し，自発的に設定した目標を達成することで得られる自己有能感や自己効力感と関係していると考えられている。

　つまり，自分がすでに知っている事物と，目前の対象がもつ属性とのずれ（すなわち，対象が未知の属性を有していること）が内発的動機づけを高め，対象への探索行動を喚起し，それをいじくり回したり遊んだりすることを促し，未知であった属性を知識としてみずからに取り込んでいくことで，有能感や効力感を得ることに結びつく。冒頭のエピソードに記したような，感情研究の歴史について，調べれば調べるほど，今まで自分にとって未知であった古くも新しい知識が眼前に広がっていき，それを自分の知識として獲得していくプロセスの楽しさは，このような内発的動機づけの働きによると説明することができるだろう。

②欲求階層説

　マズロー（Maslow, 1943）は欲求階層説を提唱し，生理的欲求，安全の欲求，愛と所属の欲求，承認尊重の欲求という 4 つの欲求が階層化していると考え，さらにその上に，自己実現の欲求を位置づけた。欲求は，基本的な生理的欲求の階層から，より複雑で高次の欲求に至るとし，高次の欲求は，より低次の欲求がある程度満たされてはじめて重要性をもつと論じた。つまり，食物や安全の確保が困難な場合，それらの欲求を満たそうとする努力が人の行動を支配し，より高次の動機は重要でなくなる。また，マズローは，基本となる 4 つの欲求がすべて満たされたとしても，人は自分がこうありたいと願っていることをしていない限り，すぐに新しい不満が生じて落ち着かなくなるとした。この説に対しては，アメリカ的価値観を理論化しているにすぎないという批判もあるが，最終的には，すべての行動の動機が，自分の能力や可能性を最大限発揮し，具現化して自分がなりえるものにならなければならないという欲求に帰結されるようになるとしている。

■ II　感　　情

　感情は，生き残りの可能性を高めるために進化の過程で獲得された，素早い情報処理と反応のための仕組みと考えられている。また，興味や関心が探索行動を喚起するというように，感情には動機づけとしての側面もある。

　感情（emotion）に関連する用語として，短時間の強い反応を指す情動や，持続時間の長い強度の低い反応を指す気分のほか，情動や感情とほぼ同義で用いられてきた情緒や情感などがあるが，ここでは，感情をこれらの概念の総称的な用語として用いることとする。

1．感情の基礎

①感情の 3 つの側面

　感情は多面的現象であると説明されることが多いが，とくにその反応面に注目すると，生理的反応（活動），表出行動，主観的体験という 3 つの側面がある。図 2 に示したように，喚起刺激や状況に関する情報処理を受けて感情中枢が活性化し，その活動がさまざまな反応として表れると説明できる。たとえば久しぶりに高校時代の親友に会って嬉しかったという経験は，呼吸や血圧の変化のような生

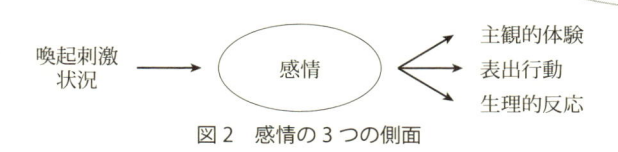

図2　感情の 3 つの側面

理的反応，顔に表れた満面の笑みという表出行動，嬉しいという主観的体験を伴ったものである。これら 3 つの側面は，個人の実際の感情経験においては切り離すことはできないが，感情研究においてはそれぞれの研究者の立場から，いずれか 1 つもしくは 2 つの側面に焦点をあてた研究が行われることが多い。

②感情の機能・役割

　戸田（1992）は，進化論的な考察から，感情は，現在の環境ではなく，文明化する以前の自然環境において適切な行動の選択をするためのシステムとして発達したと論じている。つまり，感情は，我々の祖先が，外敵に対処し，同じ種の仲間と円滑な関係を築き維持できるように，つまり，生き残りのために，迅速で適切な行動をとることを可能するように発達した評価と適応のシステムである。

　たとえば怒りに駆られて相手を攻撃することは，自分に対してやってはいけないことを相手に知らせ，相互の距離を保つ働きがあるし，悲しくて泣き伏してしまうことは周囲に援助行動を促す作用がある。このような働きは，かつての自然環境においてはうまく達成されていただろうし，現在の私たちの生活においても，調整の必要はあるものの，その重要性に変わりはない。

③感情の生理学的基盤

　近年，脳神経科学の発展は著しく，感情に関わる中枢活動に関する研究もさかんに行われている。初期の古典的研究を振り返ると，帯状回の働きに注目しつつ，一連の皮質や神経核（のちに大脳辺縁系〔limbic system〕と呼ばれる）を重視する説が唱えられた。この回路は，提唱者である解剖学者の名前をとってパーペッツの回路と呼ばれており，おもに，海馬（hippocampus），脳弓（fornix），乳頭体（mamillary body），視床前核（anterior nucleus of the thalamus），帯状回から構成される（第 2 章の図 5 を参照）。パーペッツは，視床下部と辺縁系の両者が感情の解剖学的基礎になっていると論じ，さらに視床下部が生理的反応や表出行

動のような末梢における感情の喚起に関係し，辺縁系が主観的体験に関係していると考えた（Papez, 1937）。また，今日広く用いられている意味での大脳辺縁系という用語を導入したのは，マックリーン MacLean であり，大脳辺縁系の中でとくに扁桃体の働きを重視する説を唱えた。

　さらに，近年では，ルドゥー（LeDoux, 1996）によって見出された，粗いが速い情報処理を行う低次経路（感覚情報が直接辺縁系に到達する）と，より統合的な情報処理を行う高次経路（皮質連合野を経由）という 2 つの処理経路の違いが，感情の情報処理を特徴づけていることが指摘されている。また，ダマシオ（Damasio, 1994）のソマティック・マーカー説では，感情に伴って我々が体験する身体反応の脳内手がかりであるソマティック・マーカーが，何となく不安だからやめておこうというように私たちの日常的な意思決定を支援していると論じており，人間の思考や行動における感情の重要性が再認識されている。

2．感情の理論

①古典的理論——ジェームズ＝ランゲ説とキャノン＝バード説

　感情の主観的体験を説明しようとする心理学史上最も有名なモデルであるジェームズ＝ランゲ説は，「人は，悲しいから泣くのではなく，泣くから悲しい」と唱えている。この説は，身体的・生理的変化の情報が感情の主観的体験には不可欠と主張するものであり，感情の末梢起源説とも呼ばれている（James, 1884）。つまり，感情を体験する過程は，（a）「かわいがっていたペットが死んでしまった」というような刺激状況が大脳皮質へ作用し（この段階では感情体験は生じない），その結果，（b）うつむいて涙を流すような身体的・生理的変化が生じる。さらに，（c）この末梢の変化が大脳皮質へとフィードバックされ，はじめて感情体験が生じるというわけである。

　これに対して，キャノン Cannon とバード Bard は，末梢ではなく，中枢における視床の役割に注目した（Cannon, 1931）。キャノン＝バードらの研究によると，イヌやネコを被験体にして，内臓と脳との連絡を遮断し，大脳皮質や他の脳部位を除去しても依然として感情的反応が生じることがわかったが，一方で，視床を除去すると怒りなどの感情反応が消失することなどから，視床が感情の起源となっていると考えられた。

　キャノン＝バードは，感情の生起過程を次のように推論した。刺激状況につい

ての情報は，（a）感覚器からまず視床へ入り，（b）視床から皮質へと達する。（c）皮質で処理された情報は視床へ返り，それを興奮させる。（d）この興奮が，再び皮質へ伝達されて感情を意識・経験する。同時に，興奮した視床からの情報は，内臓や筋肉へと達し身体的変化を引き起こす。このように，キャノン゠バード説は感情体験における中枢神経系の作用を重視するため，感情の中枢起源説と呼ばれた。

　これらの学説は，現在でも繰り返し引用され，感情研究を活性化し，感情を科学的に研究する礎を築いた。

②二要因説と評価理論

　感情を認知的評価の枠組みで説明しようという試みも，さかんに行われている。研究者によって理論の細部は異なるが，いずれも，刺激状況をいくつかの基準の組み合わせで「認知的に評価すること」が前提になっている。

　二要因説：古典的理論と評価理論をつなぐ役割を果たした理論である。シャクターら（Schachter et al., 1962）によると，感情を体験するためには，生理的な「覚醒」とその覚醒の原因を「評価」する認知過程の2つの要因が必要である。まず，刺激によって生理的な覚醒状態が引き起こされるが，この覚醒状態は感情的には中立である。ジェット機の揺れであろうと，ジェットコースターの振動であろうと，それによって生じる生理的な覚醒に大きな差はない。シャクターらによると，この中立的な覚醒状態が引き起こされた原因を，「乱気流に巻き込まれて危ないかもしれない」と評価するか，「このジェットコースターはエキサイティングだ」と評価するかによって，前者では恐怖を，後者では楽しさを感じることになる。

　要素処理説：シェーラー（Scherer, 2001）は，刺激状況に関する情報を，逐次的，継時的に評価していく要素処理説を提唱している。生体は，生き残りのために重要と考えられる評価尺度（要素）をもち，その尺度を次の順に評価していく。すなわち，（i）新奇性と非予期性，（ii）快－不快の主要な性質，（iii）目標との関連性，（iv）対処の可能性と因果関係の帰属，（v）刺激状況の社会的規範や自己概念との比較，である。個別の感情はこのような一連の評価が行われた結果として経験される。

　たとえば，高校時代の友人と久しぶりに待ち合わせをして喜びを感じるのは，

既知で（新規性の評価），快（快 – 不快の評価）の刺激が，喜びという感情を喚起すると説明できる。喜びの感情については必ずしもこれ以上の評価を行う必要はないが，一方，その友人が，ボランティアサークルのリーダーで，知的で親しみやすく，ルックスも申し分なく，友人としても誇らしく思うという感情が生じたとすると，快 – 不快だけではなく，自分の人生の目標にもなり，自分はこんなにすばらしい友人と知り合いである，友人は誰からもすばらしい人だと評価される理想的な人間だ，といった，より複雑な評価の過程が必要となる。要素処理説の特徴は，評価基準の詳細な検討に加えて，個々の評価結果を組み合わせることによって個別の感情を説明するとともに，生体の環境への対応を総合的に説明しようとしている点にある。

③基本感情説と次元説——新しい理論的展開

　ここまで紹介してきた個別の感情理論をより大きな観点でまとめると，基本感情説と次元説という 2 つに分類することができる。基本感情説では，私たちが日常的に用いる喜び，怒り，悲しみといった感情が，実体として存在していると考える。このような感情は，生物としての進化の過程で獲得され，個別の適応プログラムとして備わっており，特定の刺激状況によって喚起され，決まった表情や行動パターンのような生理的，身体的反応として表出されるといった特徴をもっている（e.g., Ekman, 2017）。基本感情説の考え方は，日常的な感情経験とも一貫するもので，多くの研究においても，暗黙の前提とされてきた。

　これに対して，シュロスバーグ（Schlosberg, 1954）による古典的研究に始まり，ラッセル（Russell, 2003）を中心にした次元説では，喜び，怒り，悲しみのような感情概念は，快・不快と覚醒水準のようなより少数の次元に還元することができると考える。すなわち，喜びとは，快の度合いが高く，覚醒水準が比較的高い状態で，悲しみは，不快で，覚醒水準が中程度の状態，といった説明をする。とくに，感情を，いくつかの構成要素の評価結果として説明しようとする認知的評価に焦点をあてた研究の発展もあり，喜び，怒り，悲しみといった個々の感情は，それ自体が個別独立の単位として存在しているというより，さまざまな構成要素の組み合わされた総体として成立していると説明されている。

　なお，このような構成主義の立場には，社会や文化のさまざまな特徴を要素として感情が構成されていると説明する社会的構成主義（social constructionism;

e.g., Averill, 1980）と，そのようなさまざまな要素が知覚された結果としての心的表象によって，感情が内的に構成されると考える心理的構成主義（psychological constructionism）がある。心理的構成主義の中心的論者でもあるラッセルは，生物学的な基礎をもつのは，コア・アフェクト（core affect）と呼ばれる，快・不快と覚醒度によって規定されるような曖昧な感情的心理状態に限られ，その状態をもとに，さまざまな情報の評価結果に基づいて，日常的に用いられる感情概念が構築されると考える。つまり，この心理状態を文脈情報と結びつけて構築していったものが個別の感情概念であると説明する立場である。

　基本感情説が，図 2 で示されたように，まず個別の感情があってそれに固有の一連の反応が生じるという説明をするのに対して，コア・アフェクト説では，感情と反応の因果関係を逆に考え，ある喚起刺激や状況に対するさまざまな反応がまず生じ，それらの反応や関係する文脈を結びつけて構築されたものが，感情概念であると考える。つまり，大きなイヌが近づいてきて，心臓がどきどきして，顔が引きつり，子どもの頃にイヌに追いかけられたことを思い出すなどの一連の反応が生じた結果，それらを結びつけることで，恐怖という感情概念が生じると考える。近年では，感情を文脈の中でとらえようとする，感情研究の文脈化という観点と相まって，感情に関する新しい理論的展開として注目されており，今後の動向に注意しておく必要がある（Barrett et al., 2015）。

3．感情表出と表示規則

　感情は，言葉にとどまらず表情，音声，身振りなどとして外界に表出され，他者に表出者の内的感情状態を伝えるためのコミュニケーション機能を果たしている。なかでも，表情は，さまざまな感情を表出する最も重要な非言語的媒体として，つねに研究の対象とされてきた。現在の表情研究の源流は，進化論のダーウィン（Darwin，1872/1965）に遡ることができるが，その後，エクマン Ekman らによって組織的に行われた研究から，幸福，驚き，恐れ，嫌悪，怒り，悲しみという 6 種類が人間に共通した普遍的表情と考えられ，感情がこれらの表情と対応して，生物学的側面をもっているという基本感情説の根拠ともされてきた。近年では，このような知見に対して，方法論的な問題が指摘され，理論的にも要素処理説のようにより細かな構成要素による説明も提案されているが，普遍的表情という考え方は，心理学を超え，医学や工学など，幅広い領域の研究に影響を与

えている。

　ところで，実際には，私たちはいつでも自分の感情をそのまま表しているわけではなく，時と場合に応じて笑ってごまかすといったこともある。このことは，表情がたんに感情だけを反映しているのではなく，自分たちを取り巻く状況の性質（たとえば，公私の程度），相手や自分の性質（たとえば，性別や地位），相手と自分の関係（たとえば，親密度）など，さまざまな文脈情報の影響を受けていることを意味している。したがって，同じ感情を体験していても文脈で表情が異なることも考えられる。日本では質問にうまく答えられないときなど，おそらく困惑などの否定的感情を経験していると思われる場合にも笑顔が表され，ジャパニーズスマイルなどと外国人から揶揄されることがあるが，文化や性別などの異なる集団によって表情の表し方や意味が変わることを説明するために，表示規則（display rules; Ekman et al., 1969）と呼ばれる概念が提唱されている。表示規則とは，贈り物には笑顔で感謝を述べる，男は泣くべきではない，などといった感情表出に関する習慣や因習のことで，文脈に応じた適切な表出を規定している。

　動機づけと感情は，人間行動のあらゆる側面に関係しており，心理学のすべての領域の研究テーマにもなっている。他の領域について学ぶときにも，動機づけや感情と結びつけてみることで，理解もいっそう深まるであろう。

　　◆学習チェック表
□　一次的動機づけについて理解した。
□　二次的動機づけについて理解した。
□　感情の 3 つの側面について理解した。
□　感情の適応的機能について理解した。
□　基本感情説と次元説について理解した。

より深めるための推薦図書
　バック Buck, R.（畑山俊輝監訳）（2002）感情の社会生理心理学．金子書房．
　藤田和生編（2007）感情科学．京都大学出版会．
　今田純雄・北口勝也編（2015）動機づけと情動（現代心理学シリーズ 4）．培風館．
　今田純雄・中村真・古満伊里（印刷中）感情心理学．培風館．
　大平英樹編（2010）感情心理学・入門．有斐閣．
　上淵寿編（2008）感情と動機づけの発達心理学．ナカニシヤ出版．

文　　献

Averill, J. R.（1980）A constructivist view on emotion. In: R. Plutchik & H. Kellerman (Eds.): *Emotion: Theory, Research, and Experience, Vol. 1*. Academic Press, pp.305-340.

Barrett, L. F. & Russell, J. A. (Eds.)（2015）*The Psychological Construction of Emotion*. Guilford Press.

Cannon, W. B.（1931）Again the James-Lange and the thalamic theories of emotion. *Psychological Review*, 38; 281-295.

Darwin, C.（1872/1965）*The Expression of Emotions in Man and Animals*. University of Chicago Press.

Damasio, A. R.（1994）*Descartes' Error: Emotion, Reason, and the Human Brain*. Putnam.（田中三彦訳（2000）生存する脳—心と脳と身体の神秘．講談社．)

Deci, E. L.（1975）*Intrinsic Motivation*. Plenum Publishing.

Ekman, P.（2017）Facial expressions. In: J. Fernandez-dols & J. A. Russell (Eds.): *The Science of Facial Expression*. Oxford University Press, pp.39-56.

Ekman, P. & Friesen, W. V.（1969）The repertoire or nonverbal behavior: Categories, origins, usage and coding. *Semiotica*, 1; 49-98.

池上知子・遠藤由美（1998）グラフィック社会心理学．サイエンス社．

今田純雄・北口勝也編（2015）動機づけと情動（現代心理学シリーズ4）．培風館．

James, W.（1884）What is emotions? *Mind*, 4; 188-204.

LeDoux, J. E.（1996）*The Emotional Brain: The Mysterious Underpinnings of Emotional Life*. Simon and Schuster.

Maslow, A. H.（1943）A theory of human motivation. *Psychological Review*, 50; 370-396.

McClelland, D. C.（1985）*Human Motivation*. Scott, Foresman.

Papez, J. W.（1937）A proposed mechanism of emotion. *Archives of Neurology and Psychiatry*, 38; 725-743.

Russell, J. A.（2003）Core affect and the psychological construction of emotion. *Psychological Review*, 110; 145-172.

Schachter, S. & Singer, J.（1962）Cognitive, social, and physiological determinants of emotional state. *Psychological Review*, 69; 379-399.

Scherer, K. R.（2001）Appraisal considered as a process of multilevel sequential checking. In: K. R. Scherer, A. Schorr & T. Johnstone (Eds.): *Appraisal Processes in Emotion: Theory, Methods, Research*. Oxford University Press, pp.92-120.

Schlosberg, H.（1954）Three dimensions of emotion. *Psychological Review*, 61; 81-88.

戸田正直（1992）感情—人を動かしている適応プログラム（認知科学選書24）．東京大学出版会．

上淵寿（2004）動機づけ研究の最前線．北大路書房．

第 8 章

心の発達

上原　泉

Keywords　ピアジェ，ヴィゴツキー，共同注意，三項関係，愛着（アタッチメント），象徴機能，心の理論，メタ認知，実行機能

■ I　心の発達に関する理論──人の心はどのように発達するのか？

　発達心理学は，胎児期から死に至るまでの，とくに心理的側面の変化や移り変わりの過程を扱う学問領域である。本章では，発達変化が顕著な幼少期を中心に，心，すなわち，内面や認知の発達について扱う。まずはじめに，心の発達に関する主要な理論について紹介する。

1．ピアジェの発達段階説

　古くは，子どもは受動的な存在と考えられてきたが，子どもを，環境にあわせて能動的に発達していく存在と見なし，成長に伴い，子どもの思考の仕方は段階を経て変わっていくという，発達段階説を提唱したのがピアジェ Piaget である。ピアジェの発達理論におけるキーワードは，シェマ，同化，調節，均衡化である（Piaget, 1964）。自分がもち合わせている認識の枠組みであるシェマに合わせて情報を取り入れて理解し，適応していく（同化していく）が，新たな体験や情報がシェマに合わない場合は，そのシェマを変えて（調節し）適応していく。この同化と調節の繰り返しにより，均衡化を保ちながら，漸進的により高次の認識段階へと移行していくという。そこで想定された 4 つの発達段階が，感覚運動期，前操作期，具体的操作期，形式的操作期である（Piaget, 1970）。

　感覚運動期は 2 歳頃までの乳幼児期で，言葉や表象（眼前にないことを思い浮かべること）を介さずに，感覚や運動機能を通じて，より直感的に外界を認識し

ているとされる。対象の永続性（自分の視界に入らなくなったものでも存在し続けているという概念）を，意識的に理解できるようになるのは，感覚運動期の終わり頃とされる。

　表象，象徴機能（ある事物を別の事物や記号などで表すこと），言葉が発達し，イメージやシンボル，言葉を介して外界を認識するようになるのが，次の前操作期で，2 歳頃から 7 歳頃までの時期にあたる。遊びの中で，見立てやふりを行うことが増え，幼児期半ばを過ぎると子ども同士でごっこ遊びをするようになる。しかし，行為や操作を心的にイメージすることや論理的な思考ができず，知覚的な変化の影響を受けやすい。それがよく表れるのが，この時期の子どもの保存課題への反応である。同じ量の液体が入っている同じ大きさのコップ 2 つを子どもに提示し，液体の量は同じであることを確認してもらう。その直後に，子どもの眼前で，そのうちの 1 つをもとのコップより細く背の高いコップに入れ換えて，どちらが多いかを子どもに尋ねる。前操作期の子どもは，入れ換えたときの液体の上昇にとらわれ，入れ換えた方の液体が多いと答える。同じ量や重さのものは，入れ物や形状が変わっても，増えたり減ったりしないということを理解できるようになるのは，この次の発達段階である具体的操作期以降とされる。また，前操作期は，客観的な視点や他者の視点から事物を認識しにくいという，自己中心性が強く見られる時期ともされている。

　その次の 7 歳頃から 11 歳頃の時期に相当する具体的操作期になると，見た目などの知覚的な変化に惑わされにくくなり，論理的な操作や思考が可能になっていくが，抽象的な内容に関する思考は難しく，具体的に操作をイメージしやすい内容の思考に限られる。また，脱中心化が進み，自分とは異なる視点からのものの見え方や他者の心を，より正しく推測できるようになっていくとされる。その後の，11 歳頃以降の時期が形式的操作期とされ，抽象的な思考ができるようになるといわれる。具体的には，比例概念を理解し，仮説演繹的な思考も可能になっていくという。

2．その他の理論——ヴィゴツキー，ブロンフェンブレンナー，エリクソン，バルテス

　ピアジェの発達段階説は，個体内の認知発達に焦点をおき，環境や他者からの影響を考慮していないとの指摘がよくなされるが，社会文化的な影響を重視した

のがヴィゴツキー Vygotsky である（Vygotsky, 1934）。ヴィゴツキーは，言葉を介して他者と相互に交渉することが思考，認知の発達において重要と考えた。この考えは，外言と内言の発達に関する説明にも表れている。他者への伝達のために行う言語表出が外言であり，子どもにおいて，まず外言が発達するが，幼児期半ばを過ぎると，他者への伝達を目的とはしない，独語を言うことが増えてくる。思考のための言語が完全に内面化されずに外に表出されているのが独語であり，言語を思考の道具として，完全に内面化された形で使用できるようになると，内言を獲得したことを意味し，独語は減ると説明する。他者との交流（精神間機能）を通じて，内言を伴う思考（精神内機能）が発達するという。また，ヴィゴツキーは発達の最近接領域という概念を提唱している。発達の最近接領域とは，子どもが独力で達成できる水準（下限の水準）と，子どもが他者から援助を得たり他者を模倣することで達成できる水準（上限の水準）の間の範囲のことをいう。独力でできる下限の水準が同じ子どもであっても，上限の水準は同じとは限らないため，下限の水準のみならず，上限の水準も考慮に入れた教育の必要性を述べている。

　環境要因を重層的，入れ子構造的にとらえ，それら環境と個人との間の（環境同士も含めた）相互作用の中で発達を説明しようとするのが，ブロンフェンブレンナー Bronfenbennner の生態学的システム理論である（Bronfenbrenner, 1979）。子どもを中心として，子どもから近い順に，子どもが直接関わる行動環境であるマイクロシステム（家庭，学校，遊び場等），その外側に，マイクロシステム内の2つ以上の行動環境の相互関係からなるメゾシステムがあり，さらに，間接的に子どもの行動環境に影響を及ぼしたり影響されたりするエクソシステム（親の職場，家族の友人，地域の教育委員会活動等），下位システムの一貫した特徴やパターンの形成に関わるマクロシステム（思想，信念体系，文化等）を想定できるとした。後に，時間的な環境変化としてのクロノシステム（社会文化的変化や出来事，個人的な出来事等）も提唱している（Bronfenbrenner, 1984）。

　子どもの時期と同様に成人期にも重きをおいた生涯発達の理論として，エリクソン Erikson の理論（ライフサイクル理論ともいわれる）やバルテス Baltes の理論がある。エリクソンは，8段階から成る，生涯にわたる心理・社会的発達に関するモデルを提唱し，各段階で経験する危機（たとえば，第1段階［乳児期］では，基本的信頼と基本的不信の間の葛藤）を乗り越えることで獲得される心理・

社会的な強さ（たとえば，第 1 段階では希望）があり，漸次的に段階を経て発達していくと説明する（Erikson, 1982）。この理論は，青年期以降も発達し続けるアイデンティティに関する研究の興隆につながった。バルテスは，基本的な決定要因である生物的要因と環境的要因を背景として，人の発達に影響を及ぼす具体的な要因は，標準的要因である年齢的要因（年齢に応じて同様に経験する身体的成長や社会的経験）と歴史的要因（歴史的文脈において同年代に同様の影響を及ぼす要因），非標準的要因（個人的な経験要因）の 3 つに大別できるとした。幼少期は年齢的要因が及ぼす影響が大きく，青年期になると年齢的要因の影響力は下がるが，歴史的要因の影響力が大きくなるという。非標準的要因が及ぼす影響は年齢とともに線形的に増していき，老年期に入ると歴史的要因の影響力が大きく下がり，年齢的要因の影響力が少し上昇するが，非標準的要因が及ぼす影響が最大になると説明する（Baltes et al., 1980）。

　その他，情報処理の視点からの理論的考えや，一部の特性や能力の発達に焦点をあてた理論，たとえば，コールバーグ Kohlberg の道徳性の発達やアイゼンバーグ Eisenberg の向社会性の発達に関する理論などがある。

Ⅱ　心の発達に伴う人との関係性の発達 ——社会性，コミュニケーションの発達

1．乳児期の社会性とコミュニケーション

　人は，生まれながらにして，社会的志向性が高いと考えられている。養育者が乳児を見つめると乳児は見つめ返し，養育者が笑いかけると，乳児も笑みを浮かべるなど，共鳴したり同調したりする。また，早期から，人の顔を他の刺激よりも好んで見るという性質も有している（Fantz, 1961）。いずれも無意識的になされていると思われるが，人に合わせようとする性質が早期からあるといってよいだろう。

　生後数カ月頃までは，誰に対しても笑みを見せるなど，人を区別せず人見知りもほとんどしないが，6 カ月頃から，親しい人と親しくない人を区別するようになる。これは，後述する愛着（アタッチメント）の発達に伴うものだが，その後，視線や指さしの読み取り，表出を行い始め，注意の範囲も広がっていく。言葉はなくとも，社会的な意味合いや内容を伴ったコミュニケーションを行うようにな

る。

　対象に対して他者と注意を共有することを共同注意といい，9カ月頃からのコミュニケーション上の大きな発達変化に深く関わる認知行動とされる（Tomasello, 1995）。他者が見ている対象に自分も注意を向けたり，ある対象に対して，相手に一緒に注意を向けてもらいたい場合に，指さしをしたり，視線で促したりするようになる。共同注意は，対面する対象（や他者）にしか注意が向かず，その間でのやりとりのみに終始する二項関係から，自分，他者，対象の三項関係，すなわち，他者が対象にどう接しているか等も含めて注意が向けられるようになる関係性へと，注意ややりとりの範囲が広がっていくことに伴って発達していく。三項関係を築くようになり，他者がどこを見て，それに対してどう接しているのかを目のあたりにすることで，他者は自分とは異なること，また，他者がどう思っているのかを意識するようになっていく。社会的参照といって，知らない対象について，養育者や親しい成人がどういう表情で接しているのかを手がかりにして，近づいてよいのか，避けた方がよいのか等も判断するようになる。

　三項関係の成立や，視線や指さしによるコミュニケーションの発達は，その後に続く，言葉の発達に寄与している。養育者がある対象を指さして「これは○○ね」と言ったり，子ども自身が関心のある対象を指さした場合に，養育者が「あ，それは○○だよ」などと答えることで，対象とその対象に関わる言葉が結びつきやすくなるからである。

2．愛着（アタッチメント）の発達

　人は，生理的欲求さえ満たされれば，満足するわけではない。人と関係性を築きたいという心理的欲求もある。特定の人と安定的な愛情関係を結び，安心感を得ることで，子どもは新奇で未知のものにも恐れず接していけるようになり，他の人への信頼感をもち，良好な人間関係を築いていけると考えられている。乳幼児が特定の人（養育者）との間で形成する情緒的結びつきのことを愛着（アタッチメント）という（Bowlby, 1969）。乳児は，生後しばらくは人を区別せず誰に対しても関心を示すが，生後半年近くになると，養育者への反応が多くなる。その後しだいに，養育者が眼前からいなくなると泣いたり，つねに養育者の後をついてまわるなどいつも傍にいたいという欲求が強くなり，人見知りをするようになる。このような行動がさかんになっていくなかで，養育者との間で愛着が形成

されていくと考えられている。愛着の形成過程において，養育者と離れたくないという欲求が強くなり，養育者と物理的に離れることに対し子どもが示す不安のことを，分離不安という。子どもと養育者との間で安定した愛着関係が確立され，子ども側の認知能力（表象や言葉，心への認識など）が発達すると，分離不安は解消されていく。

　1 歳頃の子どもと養育者の間で愛着が良好に形成されているか，その愛着関係の質を調べるための具体的な手法として，ストレンジ・シチュエーション法を考案したのがエインズワース Ainsworth である。ストレンジ・シチュエーション法の概要は次の通りである（Ainsworth et al., 1978）。研究者が退室した後，養育者は椅子に座り，子どもはおもちゃで遊ぶ。その後，見知らぬ人が入室し別の椅子に座る。その後，養育者が退室し，見知らぬ人は，子どものそばに行き働きかける。養育者が入室し，見知らぬ人は退室する。その後，養育者も退室し，1 人きりになる。見知らぬ人が入室し子どもを慰める。その後，養育者が入室し，見知らぬ人は退室する。このような手続きのもと，子どもが養育者と分離する場面と再会する場面でどういう反応を示すかにより，回避型（A タイプ），安定型（B タイプ），アンビヴァレント型（C タイプ）に分けられるとしている。回避型は，分離場面でも取り乱すことなく不安な様子を示さず，再会場面でも養育者を避け喜ぶ様子を示さないが，安定型は，分離場面では混乱を示すが，再会場面で積極的に接触し，安心した様子を示すとされている。アンビヴァレント型は，分離場面で非常に強い不安や混乱を示し，再会場面で養育者に接触を強く求めるが，激しい怒りを示すタイプとされる。後に，この 3 つの型にあてはまらない，無秩序・無方向型（D タイプ）の存在も報告されるようになり，無秩序・無方向型を加えた 4 つの型に分類して検討されるようになっているという（数井ほか，2005）。

　この分類に対応する養育者の特徴については，子どもが回避型の養育者は，子どもの働きかけに対して拒否的で，子どもの行動を統制しようとする傾向が強いが，安定型の養育者は，子どもの表出や働きかけに対して敏感に応答し，適切なやりとりを行い，安心感や信頼感を抱かれやすいとされている。アンビヴァレント型の養育者は，子どもに対して都合や気まぐれにより応答したりしなかったりと一貫性がなく，子どもから見て，安定した信頼感を築きにくいため，子ども側からシグナルを発し続ける傾向になりやすいという。無秩序・無方向型の養育者は，抑うつ傾向が高く，虐待の割合も高いとの指摘がある（数井ほか，2005）。

これらの型にあてはまる子どもの割合については，安定型の割合が最も高いと想定されているが，安定型以外の割合において文化差が報告されている。日本ではアンビヴァレント型，アメリカやスウェーデンなどでは回避型の割合が比較的高いという（小野，1992）。子育て観や養育スタイルの文化差が関係していると思われる。

　幼少期に形成される愛着関係から，その後の人間関係の構築に至る過程を，ボウルビィ Bowlby は内的作業モデル（Bowlby, 1973）により説明する。表象の発達に伴い，眼前に養育者（愛着対象）がいなくとも，自分と養育者の間の愛着関係を表象化して記憶にとどめ，その関係性が維持されることを理解できるようになり，その後，対人関係に関するイメージや確信として内面化させることで（内的作業モデルとなり），他者との関係性のあり方やパーソナリティの基盤になっていくのだという。ただし，成人期の愛着との連続性や，世代間伝達との関連性が示唆されている一方で，不連続や非関連を示すケースも少なからずあり，その連続性や関連性に関するメカニズムの解明には，諸要因を考慮したさらなる検討が必要である（数井ほか，2005）。

3．幼児期における言葉の発達

　社会性や非言語的なコミュニケーション力を発達させ，養育者との間で愛着関係を形成する 1 歳頃に，子どもは初語（はじめて自発的に発する有意味な単語）を発する。この頃の子どもは，おもに養育者とのやりとりを通して言葉を習得していく。養育者側から子どもに周囲のものを指さして名前を教える一方，子ども側からある対象に向けて指さしや視線が向けられると，養育者はその対象の名前を教えるということが多く行われるようになる。そういった環境下で，子どもは徐々に単語を習得していくが，習得語が 50 語あたりを過ぎると，子どもの習得語彙数は急激に増える。これを語彙爆発といい，おおよそ 1 歳後半の時期にあたる。1 つの単語だけ発する一語発話がしばらく続くが，2 歳になる前に二語発話，助詞の使用が始まる（綿巻，2001）。個人が発する平均的な発話の長さを示す指標に，平均発話長（Mean Length of Utterances; 略して MLU という。100 個の発話サンプルの 1 発話あたりに含まれる形態素〔意味をなす最小の言語単位〕の平均個数）があるが，24 〜 26 カ月で 1.5 〜 2.0 程度，35 〜 40 カ月で 3.0 〜 3.75 程度という（Brown, 1973；綿巻，2001）。3 歳頃には，発話に必要な十分な語彙

数と文構成力を有するようになる。

　ただし，3歳頃にスムーズな会話ができるかというとそうではない。3歳から6歳における，同年齢集団でのやりとりの様子を調べた上原（2006）では，誰かが言葉や行動を発しても，3，4歳以下では半分以上で反応がなく，反応したとしても模倣や非言語的な反応の割合が高いこと，年長児になると，相手の発話の7，8割に対し反応し，比較的長く同じ話題でやりとりが続くことを確認している。会話をスムーズに行うには，周囲の大人による足場かけ（足場づくりともいう。子どもが達成しやすいように行う援助）を通じて，反応するタイミングや会話技量等を身につけ，相手の気持ちや言外の意味等を読み取れるほどの想像力や心の理解力が必要とされる。幼児期半ば以降，関連する認知能力の発達に伴い，会話力も発達していく。

■ III　心に対する意識と理解の発達

1．表象，象徴機能，想像力の発達

　幼児期は，表象，象徴機能の発達が著しい。おおよそ1歳半ばを過ぎると，空のおままごとのカップで飲むまねをしたり，食べるふりをするなど，何かを心的にイメージしている様子が見られる。しだいに，象徴機能に基づく見立て行動（たとえば，バナナを電話に見立てる）や，自分がヒーローやヒロインになるといった，ふりをする行動を頻繁に示すようになり，想像力も発達していく。これらの能力を駆使して幼児は遊ぶ。幼児期半ば以降になると，想像的遊びがさかんに行われるようになり，その遊びも多様になっていく。その代表的な遊びが，ごっこ遊びである。後述するように，4歳頃に他者の気持ちや考えを理解できるようになり（心の理論をもつようになり），過去の経験に関するエピソード記憶や自伝的記憶（後々まで残っていくような思い出に相当するような過去の自分に関する記憶）も発達してくると，過去の経験を反映させながら，仲間同士で協同で想像世界を作り上げて，ストーリーや台詞を伴うような，ごっこ遊びを行うようになる。一方で，ごっこ遊びを通じて，さらに想像力を発達させていく（上原，2003）。

2．心の理論と心の理解の発達

　子どもはいつから，人の心を推測し理解するようになるのか。前述の通り，生

後間もなくから，対面している相手に共鳴したり同調したりする。生後 9 カ月頃を過ぎると，視線や指さしによるコミュニケーションが増え，社会的参照も行うようになる。乳児期終わり頃には，他者の行動や態度，心に意識を向け始めているといえるだろう。しかし，相手の立場に立って相手の心を理解したり，なぜ相手がそういう行動をとるのかを，因果的にその心の状態や意図を推測するようになる，いわゆる，心の理論（theory of mind; Premack et al., 1978）をもつようになるのは，幼児期半ば以降であることが示されている。心は直接目にすることができないため，科学理論のように仮説を立て，それに基づいて推測するという意味合いから「理論」という言葉が用いられている。子どもが心の理論をもつようになっているか否かを調べるための代表的な課題が，誤信念課題である（Wimmer et al., 1983）。

　よく知られた課題はいくつかあるが，パーナー Perner らが行った誤信念課題は，次に示すような，子どもの主人公マクシの話を用いて行った課題である（Wimmer et al., 1983）。「マクシはチョコレートを青の戸棚の中においてあることを覚えていた。マクシが外出している間に，母親が青の戸棚からチョコレートを取り出し少し使ったが，それを青の戸棚ではなく，緑の戸棚にしまった。その後マクシが戻ってきた」といった内容を対象児に提示し，「マクシはチョコレートがどこにあると思っているか」を対象児に問う課題である。要は，あるものの在処を知っている 2 人の人物のうちの 1 人（A さん）が留守の間に，もう 1 人の人物（B さん）がそのものを別の場所に移し変えた場合，後で戻ってきた A さんは，移し変える前の場所にあると思っているということがわかるかを問う課題である。この課題への正答率が高くなるのは 4 歳以降と示された。心の理論をもつようになる時期はおおよそ 4 歳頃といわれている。

　なお，この時期は，ちょうど心的用語の発達も著しい。心的用語とは，欲求，感情，認知など内的状況を表す言葉のことを指す。欲求に関する語（「欲しい」等）は 2 歳頃から話し始め，感情語（「楽しい」「悲しい」等）や認知語（「覚える」「思う」「考える」等）を話し始めるのは大方その後である。感情語や認知語については，話し始める時期に言語差はあるかもしれないが，内的状況を表す言葉として正確にその意味を理解するようになるのは，共通して 3，4 歳以降である可能性が示されている（Bartsch et al., 1995；上原，2014）。心の理論の発達と併行して，3，4 歳以降の時期に，心的用語の習得が進むといってよいだろう。

　誤信念課題は,「Aさんが○○だと思っている」という一次的信念の理解を検討する課題だが,「『Aさんが○○だと思っている』とBさんが思っている」といった入れ子構造的な心の推測,すなわち,二次的信念の理解が可能になるのは,児童期半ばの9,10歳頃といわれる。パーナーらは7〜10歳を対象に,次のような課題により,二次的信念を理解できるか否かを検討した(Perner et al., 1985)。「ジョンとメアリーは公園にいたが,アイスクリーム売りもいた。メアリーはアイスクリームを買おうとしたがお金がなかった。アイスクリーム売りは,午後はずっとこの公園にいると言い,メアリーは家にとりに帰った。ジョンが公園に残ったが,メアリーが公園に戻ってくる前に,アイスクリーム売りが移動し始めたので,ジョンはどこへ移動するかアイスクリーム売りに尋ねたら,教会と答えた。アイスクリーム売りは教会へ移動する途中,メアリーの家の前を通り,教会に移動することを伝えた。ジョンは,アイスクリーム売りがメアリーと会ったことを知らずに,その後,メアリーの家に行き,メアリーの母から,『メアリーがアイスクリームを買いに行くと言って出かけた』と聞いた」という内容を対象児に提示し,「ジョンはメアリーを探しに行ったが,ジョンはメアリーがどこに行ったと思っているか」を対象児に問う課題である。この課題に正答する子どもの割合が高くなるのは9,10歳であることが示された。二次的信念のような,高次の心的状況の理解は児童期になっても難しく,心の理解力や認識は,児童期以降も発達していく。

3.　メタ認知,実行機能の発達

　心的用語を理解し,心の理論をもつようになることは,自分や他者の心の状況を,意識的に考えられるようになることを意味する。前述の通り,このような発達変化が見られるのは4歳頃であるが,ちょうどこの時期は,自分の過去の出来事を振り返って思い出せるようになる,すなわち,エピソード記憶や自伝的記憶が成立してくる時期でもあり,自分の記憶に対する意識化が進む。こうした意識が発達した時期以降の経験が,後々まで思い出として残っていく可能性が示唆されている(Uehara, 2015)。自分の記憶活動やそれに関わる行動に関する認知,知識のことをメタ記憶というが,記憶を含む広範な自己の認知活動やそれに関わる行動に対する認知,知識のことをメタ認知という。メタ認知は,自己の認知活動への意識化がなされるようになった後の,5,6歳以降,とくに児童期に発達

が著しい（Annevirta et al., 2006）。自分はどれくらい学習内容を理解できているか，学習の仕方はこれでよいか等，自分の学習状態の把握や，学習方略と関わっており，メタ認知能力と学業成績の間には，正の相関があることが知られている（Cain, 1999）。

　幼児期半ば以降は，実行機能の発達も顕著である。実行機能とは，課題目標に合わせて，その課題に適さない反応を抑制し，行動をコントロールし課題を遂行する認知機能のことをいう。成人を対象に，実行機能が関わる認知課題としてよく行われるのがストループ課題であるが，このストループ課題に類する幼児用の課題として，昼・夜課題がある（Gerstadt et al., 1994）。黄色い太陽が書かれている昼カードが提示されたときには「夜」と答え，月が書かれている夜カードが提示されたときには「昼」と答えることを求める課題である。また，次元変化カード分類課題（Dimensional Change Card Sorting task; 略して DCCS 課題という）というのもある。たとえば，表面に赤か青色で△もしくは○が書かれたカードがそれぞれ 10 枚ずつ，計 40 枚あったとする。対象児に，カードを形で（△と○に）何回か分類させた直後に，分類基準となる次元を（この例でいえば，形から色に）変えて，色で（赤と青に）分類するように指示した場合に，対象児がすぐに対応できるかを調べる課題である。いずれも 3 歳では難しく，4 歳以降に遂行成績が上がることが示されており，実行機能は 4 歳以降に発達するといわれている（Zelazo et al., 1998）。なお，実行機能の構成要素ともいわれる，ワーキングメモリ（認知的な処理をしながら短期的な記憶保持を行う活動）の容量と，読み書きや算数等の能力との間にも正の相関があることが知られており（Jarrold et al., 2006），ワーキングメモリも児童期以降の子どもの学習を支える重要な能力の 1 つと考えられている。

　子ども期の心の発達についてまとめると，次のようになるだろう。乳児期半ば以降に，視線や指さしによるコミュニケーション力を発達させていくとともに，養育者と愛着関係を形成していく。幼児期に入ると，表象，象徴機能，言葉，想像力の発達が著しい。幼児期半ば以降になると，心的用語への理解が進み，心の理論や自伝的記憶，メタ的意識が発達し，広範囲にわたり認知の仕方が大きく変わっていく。ピアジェの発達段階説の具体的操作期，形式的操作期にあたる児童期以降は，学校という場で，ヴィゴツキーの理論で重視されるような，教育的支援を受けていくなかで，思考の仕方が変わっていくとともに，メタ認知や実行機

能，ワーキングメモリなどの認知機能を発達させていく。

◆学習チェック
□　心の発達に関する主要な理論の概要について理解した。
□　乳幼児期のコミュニケーションの発達について理解した。
□　愛着（アタッチメント）の発達について理解した。
□　心の理論の発達について理解した。
□　メタ認知や実行機能の発達について理解した。

より深めるための推薦図書
　　子安増生編（2016）よくわかる認知発達とその支援 第 2 版．ミネルヴァ書房．
　　向田久美子編（2017）新訂 発達心理学概論．放送大学教育振興会．
　　無藤隆・子安増生編（2011）発達心理学 I．東京大学出版会．
　　内田伸子編（2006）発達心理学キーワード．有斐閣．

　　　文　　　献

Ainsworth, M. D. S., Blehar, M. C., Waters, E. & Wall, S.（1978）*Patterns of Attachment: A Psychological Study of the Strange Situation.* Lawrence Erlbaum Associates.

Annevirta, T. & Vauras, M.（2006）Developmental changes of metacognitive skill in elementary school children. *The Journal of Experimental Education,* **74**; 197-225.

Baltes, P. B., Reese, H. W. & Lipsitt, L. P.（1980）Life-span developmental psychology. *Annual Review of Psychology,* **31**; 65-110.

Bartsch, K. & Wellman, H. M.（1995）*Children Talk about the Mind.* Oxford University Press.

Bowlby, J.（1969）*Attachment and Loss, Vol.1: Attachment.* Hogarth Press. (revised edition 1982)（黒田実郎・大羽蓁・岡田洋子ほか訳（1991）母子関係の理論― I 愛着行動 新版．岩崎学術出版社．）

Bowlby, J.（1973）*Attachment and Loss, Vol.2: Separation: Anxiety and Anger.* Hogarth Press.（黒田実郎・岡田洋子・吉田恒子訳（1991）母子関係の理論― II 分離不安論 新版．岩崎学術出版社）

Bronfenbrenner, U.（1979）*The Ecology of Human Development: Experiments by Nature and Design.* Harvard University Press.（磯貝芳郎・福富護訳（1996）人間発達の生態学―発達心理学への挑戦．川島書店．）

Bronfenbrenner, U.（磯貝芳郎訳）（1984）科学と人間の発達（1）（2）―かくされている変革．児童心理，**38**; 1, pp.155-174; 2, pp.336-353.（日本での講演の草稿の訳）

Brown, R.（1973）*A First Language: The Early Stages.* Harvard University Press.

Cain, K. (1999). Ways of reading: How knowledge and use of strategies are related to reading comprehension. *British Journal of Developmental Psychology,* **17**; 293-309.

Erikson, E. H.（1982）*The Life Cycle Completed: A Review.* W. W. Norton & Company.（村瀬孝雄・近藤邦夫訳（1989）ライフサイクル，その完結．みすず書房．）

Fantz, R. L.（1961）The origin of form perception. *Scientific American,* **204**; 66-72.

Gerstadt, C. L., Hong, Y. J. & Diamond, A.（1994）The relationship between cognition and action: Performance of children 3 1/2-7 years old on a Stroop-like day-night test. *Cognition*, 53; 129-153.

Jarrold, C. & Towse, J. N.（2006）Individual differences in working memory. *Neuroscience*, 139; 39-50.

数井みゆき・遠藤利彦編（2005）アタッチメント―生涯にわたる絆．ミネルヴァ書房．

小野けい子（1992）人格形成の基礎と課題．In：藤永保編：現代の発達心理学．有斐閣，p.197.

Perner, J. & Wimmer, H.（1985）"John thinks that Mary thinks that…": Attribution of second-order beliefs 5- to 10-year-old children. *Journal of Experimental Child Psychology*, 39; 437-471.

Piaget, J.（1964）*Six Études de Psychologie*. Gonthier.（滝沢武久訳（1968）思考の心理学―発達心理学の 6 研究．みすず書房．）

Piaget, J.（1970）*L'épistémologie Génétique*. Presses Universitaires de France.（滝沢武久訳（1972）発生的認識論．白水社．）

Premack, D. & Woodruff, G.（1978）Does the chimpanzee have a theory of mind? *Behavioral and Brain Sciences*, 1; 515-526.

Tomasello, M.（1995）Joint attention as social cognition. In: C. Moore & P. J. Dunham (Eds.): *Joint Attention: Its Origins and Role in Development*. Lawrence Erlbaum Associates, pp.103-130.

上原泉（2003）発達―記憶，心の理解に重点をおいて．In：月本洋・上原泉：想像―心と身体の接点．ナカニシヤ出版，pp.117-182.

上原泉（2006）幼児の同年齢グループ内でのコミュニケーション―年齢比較．発達研究，20; 5-12.

上原泉（2014）心的用語の理解と過去のエピソードの語りの発達的関係―縦断的な事例データによる予備的検討．お茶の水女子大学人文科学研究，10; 111-121.

Uehara, I.（2015）Developmental changes in memory-related linguistic skills and their relationship to episodic recall in children. *PLoS ONE*, 10(9); e0137220.

Vigotsky, L. S.（1934）Мышление и речь.（柴田義松訳（1962）思考と言語 上下．明治図書．）

綿巻徹（2001）発話構造の発達．In：秦野悦子編：ことばの発達入門．大修館書店，pp.82-113.

Wimmer, H. & Perner, J.（1983）Beliefs about beliefs: Representation and constraining function of wrong beliefs in young children's understanding of deception. *Cognition*, 13; 103-128.

Zelazo, P. D. & Frye, D.（1998）Cognitive complexity and control: II. The development of executive function in childhood. *Current Directions in Psychological Science*, 7; 121-126.

第 9 章

知　　　　　能

敷島千鶴

❦ *Keywords*　知能テスト，IQ，一般知能，流動性知能，結晶性知能，CHC 理論，因子分析，遺伝と環境，フリン効果

I　知能研究の歴史

1．知能の測定

　心理学において知能の研究は，「人はどのぐらい賢いのか」という人間に普遍な法則の探究ではなく，「人によって賢さはどのぐらい違うのか」という人と人との差異，つまり個人差に焦点をあてた伝統的な領域である。このことは，1 人ひとりの能力を量的に評価する知能テスト（知能検査）が，古くから開発されてきたことに依拠している。

　しかしながら，知能は高い方が望ましいという前提のもと，個人を集団の中で序列化させるような知能テストは，選別と差別の道具であるとして，知能テストに基づく知能研究は，批判の対象となってきたことも事実である（Gould, 1981）。アメリカでは，この知能研究に対する嫌悪感が人種問題とも絡み，知能テスト（intelligence test）という名称自体が避けられる傾向にもあるが，本章では知能に関する諸テストの総称として，知能テストという用語を統一的に使用する。

①精神テスト

　19 世紀末，人間の精神機能の個人差を科学的に測定しようとしたゴールトンGolton の影響を受け，J. M. キャッテル（Cattell, 1890）が列挙した「精神テスト」の項目は，たとえば，握力，痛みに対する敏感さ，重さの差異に対する敏感さ，音に対する反応時間であり，神経系の効率を測る単純な知覚のテストであっ

た。現代の知能テストとはかけ離れた項目ばかりであり，実際，当時この精神テストとコロンビア大学での成績との関連は見出されず，知能の測度として不十分なものであった。

②個別式知能テスト

　20 世紀初頭，フランスでは小学校教育が義務化するに伴い，通常学級の授業についていけず，特別な支援を要する，発達の遅れた児童を識別する必要があった。ビネー Binet は，1905 年，シモン Simon と共に，児童 1 人ずつと対面で検査を行う，個別式知能テストを開発し，これが今日の知能テストの原型となった。このテストは，マッチの火を動かし，目と頭が連動することを測定する項目から，2 つの抽象的な言葉の意味の違いを説明する，語彙の理解を測定する項目まで，日常的な 30 の問題を難易度の低い順に並べたものであった。その後ビネーとシモンは，年齢別に正答率が 75％ となる問題を用意し，何歳相当の問題ができるかを測定することにより，その児童の「精神年齢」を推定した。これより，知的発達の遅れた児童の識別という，知能テストの当初の利用目的は，健常児の知能の測定へと転換していった。

　フランスで生まれたビネーとシモンの知能テストは，アメリカに渡り，1916 年，ターマン Terman により，スタンフォード・ビネー（Stanford-Binet）知能テストとして改訂された。日本にも，このスタンフォード・ビネー知能テストが輸入され，田中ビネー式，鈴木ビネー式として改訂が重ねられ，現在でも，おもに知的障害や学習障害の診断に用いられている。

　一方，ウェクスラー Wechsler は，1939 年，成人を対象とした個別式知能テスト，ウェクスラー・ベルビュー（Wechsler-Bellevue）知能テストを開発した。その後，ウェクスラーは，児童を対象としたウィスク（Wechsler Intelligence Scale for Children; WISC），成人を対象としたウェイス（Wechsler Adult Intelligence Scale; WAIS），幼児を対象としたウィプシイ（Wechsler Preschool and Primary Scale of Intelligence; WPPSI）と呼ばれる個別式知能テストを，世界的に普及させていった。これらのテストでは，すべての問題が，領域別の下位検査に属し，個人の得点は，プロフィールとして表現される。

　WISC と WAIS は第 5 版まで，WPPSI は第 3 版まで改訂され，現在日本では，WISC は「日本版ウェクスラー児童用知能検査第 4 版」が最新である。この版で

は，ウェクスラー式で長年使われてきた，「言語性 IQ」「動作性 IQ」による分類は廃止され，15 のテストから「言語理解」「知覚推理」「作業記憶」「処理速度」の 4 領域の指標得点と，全検査 IQ を求める構造となっている。WAIS は「日本版ウェクスラー成人知能検査第 3 版」（2018 年第 4 版を刊行予定）が最新である。「言語性 IQ」に 7 種類，「動作性 IQ」に 7 種類のテストが含まれるが，WISC 同様，第 4 版からは，言語性 IQ，動作性 IQ の分類はなくなり，4 領域に分割されている。どちらもおもに臨床現場で用いられている。

③集団式知能テスト

　第 1 次世界大戦頃には，召集兵を軍隊内で最適な職務に割り当てることを目的に，一対一の個別式ではなく，一斉に大規模，短時間で施行できる，効率のよい集団式知能テストが開発されていった。1912 年，オーティス Otis によって「はい」「いいえ」の 2 件法で回答する集団式知能テストが生まれた。その後，1917 年，ヤーキーズ Yerkes らによって，アメリカ陸軍新兵用の集団式知能テストが発表され，言語能力を測定する「陸軍 α 式」と，非言語能力を測定する「陸軍 β 式」テストの開発へと至った。日本でも翻訳され，それぞれ「田中 A 式知能検査」「田中 B 式知能検査」として発行されている。

　日本において集団式知能テストは，かつて，小中学校でよく使われたが，利用目的が明確にならず，現在ではほとんど使用されていない。

2．知能の指標

　前述のとおり，ビネーは，問題を難易度の低い順に配列し，どの年齢相当の問題まで答えることができるかという「精神年齢」の概念を導入した。そして，この精神年齢と実際の暦年齢（どちらも月単位）との差によって，知的発達の遅れた児童を識別しようとした。

　しかし，ドイツのシュテルン Stern は，精神年齢と暦年齢の差ではなく，両者の比を用いるべきと批判した。やがてターマンは，精神年齢を暦年齢で除し，100 倍した数値を求め，これを知能指数（intelligence quotient; IQ）とした。後述の異なる計算方法で求める IQ と区別するために，これを比率 IQ と呼ぶ。

$$比率 IQ = \frac{精神年齢}{暦年齢} \times 100$$

　比率 IQ が 100 であるということは，精神年齢と暦年齢が一致しているということであり，知能の発達が年齢相応であることを意味する。しかし，知能の発達が上限に達した年齢以降では，この年齢を基準にした表現を用いることはできない。

　この欠点を補うために，各年齢の知能テストの得点は，平均 100，標準偏差 15 になるよう標準化されるようになった。そして，個人の得点が，その年齢集団の中で，相対的にどこに位置するかが示されるようになった。これが偏差 IQ であり，現在でも，知能指数として使われている指標である。

$$偏差 IQ = \frac{個人のテスト得点 - 平均}{標準偏差} \times 15 + 100$$

　日本で学力の指標として頻繁に用いられる偏差値は，この偏差 IQ と同じ発想に基づいている。偏差値は平均 50，標準偏差 10 になるよう標準化されている。

　図 1 は，集団から得られたテスト得点が正規分布していることを前提としたときの，平均値 μ，標準偏差 σ と，偏差 IQ の分布を示している。ある個人の偏差 IQ が 130 であるとすれば，その個人の得点は，その集団の平均より，2 標準偏差分高く，その個人より高い得点者の出現は，確率的には 2% 強程度であること，つまり統計学的には，100 名いれば，その個人の得点は，2 番あるいは 3 番程度であると考えることができる。

■ II　知能の構造

1．一般知能

　知能は何種類あるのか，頭のよさの次元はいくつあるのか，という問いに答えてきたのが，因子分析という統計学的手法である。因子分析とは，観測されるテスト項目の間の相関関係を少数の潜在因子で説明する方法である。知能や性格など，人間の能力や心理は，所得や身長などとは異なり，それ自体が物理的，客観的な指標を備えておらず，直接観測することはできない。因子分析の手法を用い

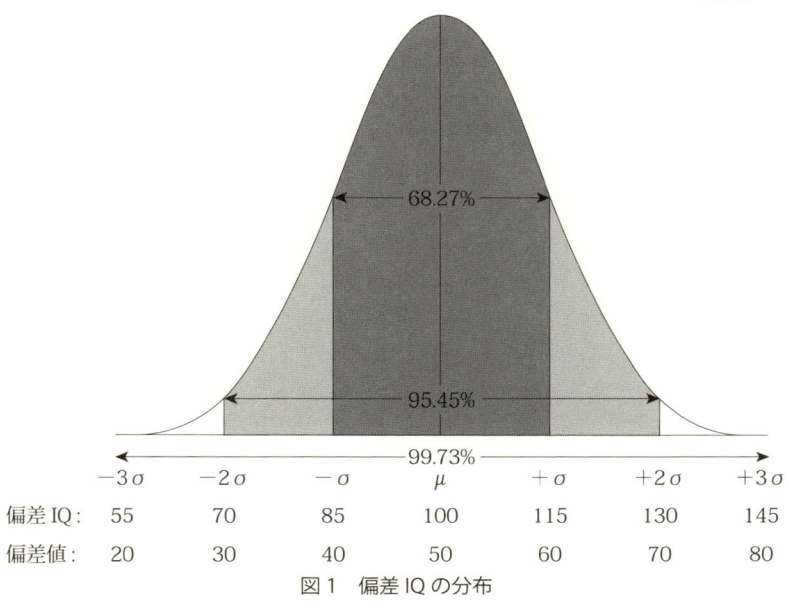

図 1　偏差 IQ の分布

れば，こうした直接目にすることのできない理論的に仮定された構成概念を，観測可能な行動指標から推論することができる。

　因子分析の考案者でもあるスピアマン（Spearman, 1904）は，古典，フランス語，英語，数学，音程の弁別，音楽的才能という 6 つの領域の成績に，因子分析を施すことにより，これら 6 領域の背後には，共通する因子として「一般知能（general intelligence; g）」が潜在していることを見出した。そして，人間の知能を，共通因子（一般因子 ; g）と，各領域に個別に影響する独自因子（特殊因子 ; s）の 2 種類の因子から構造化し，知能の 2 因子説（知能の一元論ともいう）を提唱した（図 2）。

　人間の知能には，領域を超えた一般的な能力が機能しているから，結果として別々の能力の間に正の相関関係が見られると考えるモデルであり，このことは，なぜ領域の異なる種々の分野において個人の成績が相関するのかを説明する。この一般知能を高次因子と仮定し，知能を階層構造で考えるモデルは，スピアマンがこのモデルを提唱してから 100 年を超えても，今なお多くの知能研究で支持されている。前述のウェクスラー知能テストの最新版においても，一般知能を仮定

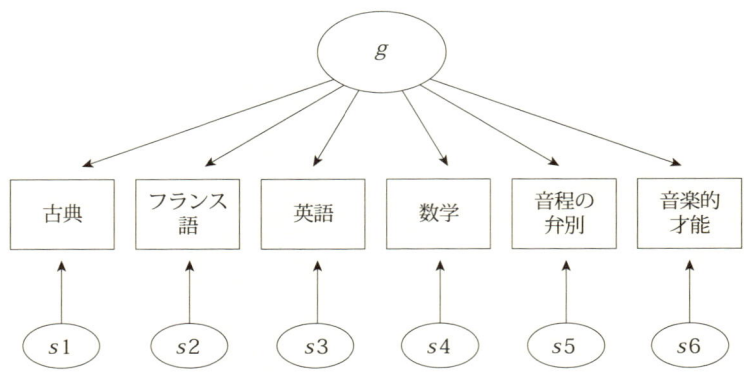

g：一般因子（general factor）
s：特殊因子（specific factor）

図 2　スピアマンの知能の 2 因子説

した体系が継承されている。

2．知能の多因子説

　個々の領域には独立した能力が機能することを主張したモデルも古くから提唱
されてきた。サーストン（Thurstone, 1938）は，さまざまな分野に及ぶ 57 のテ
スト得点に因子分析を施すことにより，「空間」「知覚」「数」「言語」「記憶」「語
の流暢さ」「推理」の 7 因子を抽出した。そして，各因子となる領域が，それぞ
れ固有の機能をもつと考える多因子説を唱えた。

　しかし統計学的には，これら 7 つの因子の間には正の相関関係があり，それぞ
れが独立しているわけではなかった。7 つの因子の上位因子を求めると，一般知
能の因子が現れたという。スピアマンの 2 因子説では，階層構造を最上位から見
るが，サーストンの多因子説では，個々の能力のまとまりから見ているのである。

3．知能の立体構造

　ギルフォード（Guilford, 1967）は，知能の範囲を拡張し，それらを整理する
「内容」「所産」「操作」の 3 次元の立体構造モデルを構築した。内容次元には図
的，シンボル的，意味的，行動的の 4 種類を，所産次元には単位，クラス，関係，

体系，変換，含意の 6 種類を，操作次元には評価，収束的思考，拡散的思考，記憶，認知の 5 種類を想定し，人間の能力を 120（後には 160）もの因子で説明している。

　ギルフォードは，この理論的な分類を，すべての因子が実在することで証明しようとしたが，他の研究者の追試では，いくつかの因子は再現できなかった。

4．流動性知能と結晶性知能

　R. B. キャッテル（Cattell, 1941）は，一般知能の下位概念として，流動性知能（Gf）と結晶性知能（Gc）を仮定する 2 因子説を構築した。流動性知能とは，自動的に処理できない新しい問題を解決する高度な知的操作能力であり，個人が獲得してきた現実世界の情報に依存しない非言語的能力である。代表的な測度として，レーブン色彩マトリックス検査（Raven's Colored Progressive Matrices Test）がある。結晶性知能とは，特定の文化から得た言語の知識や，情報の蓄積の幅や深さを表す能力である。典型的な例は語彙のテストである。第 4 版以前のウェクスラー式知能テストで分類されていた，動作性 IQ は流動性知能に，言語性 IQ は結晶性知能に該当する。

　この 2 種類の知能は，異なる成長曲線を辿ることが知られている。流動性知能は 20 代でピークを迎えた後，加齢とともに顕著に衰退していくのに対し，結晶性知能は年齢を増しても衰えない。

　ホーン Horn は，この R. B. キャッテルの Gf-Gc 理論を拡張し，より認知プロセスに対応した能力である，視知覚処理，短期記憶，長期記憶，処理速度，聴覚処理の各因子を追加し，キャッテル‐ホーン Gf-Gc 理論を提唱したが，階層構造は設けず，上位概念としての一般知能も想定しなかった。

　さらにキャロル（Carroll, 1993）は，過去 1 世紀に及ぶ知能の因子分析研究の蓄積から，知能の三層構造理論を導出し，第 1 層には約 70 項目の特殊な能力因子を，第 2 層にはホーンとほぼ同じ 8 つの広域の因子を，第 3 層には一般知能を布置した。

5．CHC 理論

　現在では，キャッテル‐ホーン Gf-Gc 理論と，キャロルの三層構造理論を統合した，キャッテル‐ホーン‐キャロル（Cattell-Horn-Carroll; CHC）理論（McGrew,

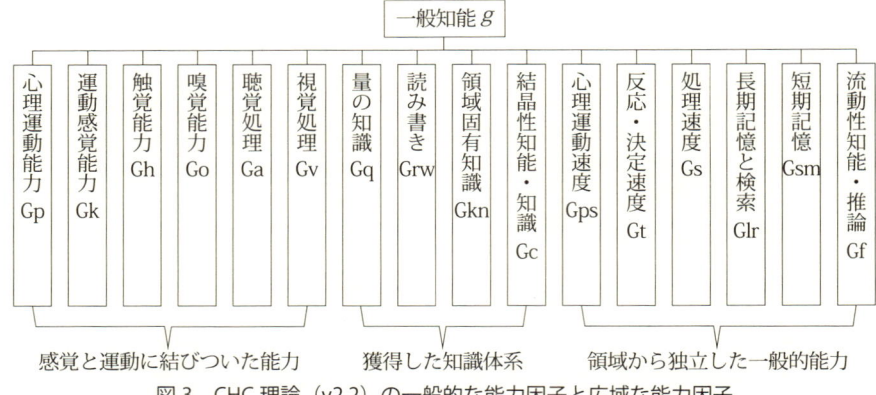

図3 CHC 理論（v2.2）の一般的な能力因子と広域な能力因子

2005）が有力視され，この新しい理論に基づき知能テストが改訂されてきている。図 3 に CHC 理論がモデル化する構造より，最上位に位置する一般的な能力因子「一般知能（g）」と，その下位に位置する 16 の広域な能力因子のみを示すが，実際には，さらに下位に，領域限定的な能力因子群が置かれている。たとえば「流動性知能・推論（Gf）」の下位には，「帰納」「一般演繹的推論」「量の推論」が，「短期記憶（Gsm）」の下位には「メモリスパン」「ワーキングメモリ容量」がそれぞれ配置され，その数は 80 を超えている（Schneider et al., 2013）。

　キャッテルの精神テストから始まり，スピアマン以来の伝統的な知能の因子研究，そして認知プロセスを情報処理アプローチでとらえた最新の認知心理学研究まで，新旧の知能の心理測定研究を組み込んだ集大成となる理論である。ウェクスラー式知能テストでも第 4 版以降，この CHC 理論に基づく改訂が行われてきている。

6．多重知能理論

　一般知能を想定しない，新しいモデルも提唱されている。ガードナー（Gardner, 1983）は，ある領域に優れた能力をもっている個人が，別の領域ではそうでもないことを見出し，「言語的」「論理数学的」「音楽的」「空間的」「身体運動的」「内省的」「対人的」「博物的」という 8 つの領域から，多次元で人間の能力を説明する多重知能理論を提唱している。

この理論では，因子分析ではなく，脳の機能や，進化的妥当性，情報処理過程などに依拠した考察を行うことにより，知能テストでは測定できない領域にまで，知能の範囲を拡充している。多重知能理論は，とくに教育現場において有用視されているが，実証性に欠けるという指摘もある。

7．知能の鼎立理論

スタンバーグ（Sternberg, 1985）は，知能テストで測定可能な「分析的知能」に加え，「創造的知能」と「実際的知能」の重要性を指摘し，知能を 3 つの切り口から包括的にとらえる知能の鼎立理論を提唱している。

分析的知能は，問題解決を認識，計画，監視，評価するメタ成分，問題解決の方略を実行するパフォーマンス成分，問題解決に必要な知識を学習する知識獲得成分から構成される。創造的知能は，新しい課題を効率的に遂行できる能力であり，新奇な事態への対応に加え，それを自動化していく能力を指す。実際的知能は，文化に適応し，自分の適性に合う環境を選択し，環境を変えて自分に適合させていく能力をいう。従来の知能テストで測定される限定的な知能の概念を，社会生活における実践へとつなげた理論である。

■ III　知能の個人差に寄与する遺伝と環境

心理学における知能研究を独特にしてきた背景に「遺伝環境論争」がある。知能に遺伝の影響があるならばそれは不可避とし，偏見や差別を駆り立ててきた遺伝決定論的立場と，それに反発する環境至上主義的立場との間の対立である。現在では「遺伝も環境も」とする折衷論的立場がとられることが多いが，知能の個人差に寄与する遺伝と環境の様相は必ずしも正しく理解されてきていない。とりわけ教育の文脈においては，知能が遺伝するのなら，そこに教育的介入の意義を見出すことはできないとする信念が根強いため，知能に関する議論の多くは遺伝の影響を考慮していない。

知能の個人差に及ぼす遺伝と環境の相対的な影響を，量的に解明してきたのが行動遺伝学の知能研究である。行動遺伝学では，家系内の関係にある成員同士の形質に観察される類似性を，2 人の遺伝子の共有度，および環境の共有度の関数として表現する。そしてその数値を，異なる血縁関係者間や，養家成員と実家成

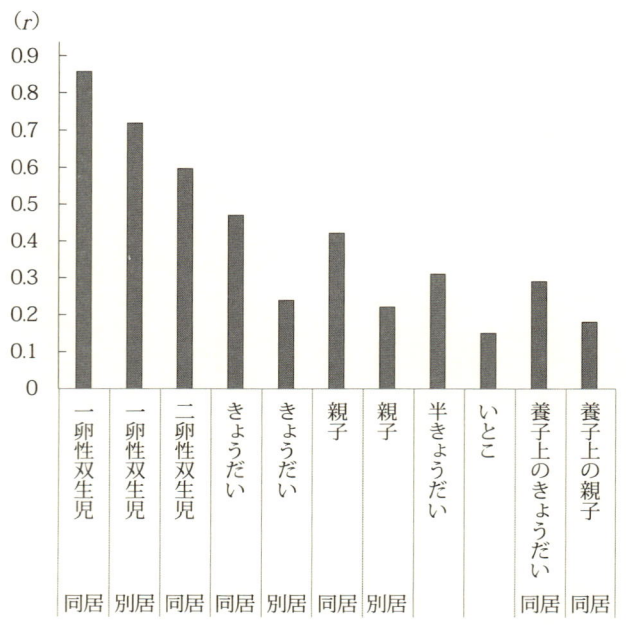

図 4　IQ の家系内相関（Bouchard et al., 1981 より作図）

員間，あるいは一卵性双生児と二卵性双生児の間などで比較することによって，形質の背後にあり，個人差を形成する効果の大きさを，遺伝と環境に分離して推定する。そして，多数の遺伝子の相加的な効果を遺伝要因として，遺伝では説明できない効果のうち，家族成員で共有され家族単位で異なる効果を共有環境要因として，共有環境でも説明できない効果の残差，つまり，家族では共有されない独自の体験など，個人単位で異なる効果を非共有環境要因として表現する。

　図 4 は数多くの研究から得られた，さまざまな種類の家系メンバー間におけるIQ の相関係数の平均をまとめたものである（Bouchard et al., 1981）。最も高い相関（類似性）を示したのが，遺伝情報も養育環境も同一である，一緒に育った一卵性双生児たちである。別々に育った一卵性双生児たちはこれにつぎ，養育環境の共有は，類似性をより高めるが，圧倒的に影響力が強いのは，遺伝情報の共有であることがわかる。このことは，養子関係にある親子やきょうだいにも相関はあるが，生物学的親子やきょうだいよりも低いことからも明らかである。

　一般知能の個人差の 50 ～ 70％が，その個人の遺伝の効果であることが明らかにされており，この値は，性格などパーソナリティ次元よりも高い（安藤，2014）。しかし，この知能の個人差に及ぼす遺伝と環境の影響は，発達の過程で変化することも知られている。知能テストによって測定される IQ の個人差を形成する要因は，児童期では遺伝と共有環境がどちらも 30％程度，残りが非共有環境であるのに対し，成人期までに共有環境の影響は消失し遺伝の影響は 50％以上となり，中年期以降には 70％を超えること，つまり発達とともに遺伝の効果が上昇していくことが報告されている。

　さらに，言語，空間，数，記憶，推論など，異なる領域の個々の能力が，遺伝的に相関していること，つまり同じ遺伝要因の影響を受けていることが明らかにされている。こうした知見は，スピアマン（Spearman, 1904）以来，因子分析法を用いて提唱されてきた一般知能を頂点とした知能の階層構造を支持している。人間の知能とは，複数の独立した能力の集合ではなく，1 つの遺伝的にも単一な実体である一般知能が基盤として背後に存在し，言語や図形，推論など各種知的能力は，一般知能の典型例として観察されているという見方もできる。しかしそこに寄与する遺伝子は，けっして一組の対立遺伝子ではない。1 つひとつの効果量は小さいがおそらく数百という単位の数の遺伝子群であり，そのため，関与遺伝子の同定は困難を極めている。

　遺伝と環境の影響は単純な二項対立ではない。両者は相互に複雑に絡み合い，厳密に切り離すことはできない。たとえば，アメリカの 7 歳児に WISC を実施した双生児研究は，親の社会経済的地位が高いほど，子どもの知能には遺伝の影響がより大きく，環境の影響は小さくなること，逆に，親の社会経済的地位が低いほど，子どもの知能は遺伝ではなく，共有環境と非共有環境によってより多く説明されることを明らかにしている（Turkheimer et al., 2003）。このように，遺伝や環境の影響が，ある特定の環境におかれることにより調整されることを遺伝環境交互作用と呼ぶ。さらに「環境」の中に遺伝が入り込む可能性も指摘されている。たとえば，知能を高めるような教育が，その個人の遺伝的資質を反映したものであれば，その教育の効果は遺伝の効果に含まれ，こうした現象を遺伝環境相関と呼ぶ。

　知能には環境の影響が重要であることを示す知見もある。フリン（Flynn, 1999）は，IQ の世界各国の集団の平均値が，20 世紀の間に著しく上昇したことを見出

し，これをフリン効果という。この効果は，言語性知能よりも非言語性知能，つまり流動性知能において際立つという。こうした短期間に起きた上昇は，知能の遺伝ではけっして説明できない。現代社会において，具体的な思考から抽象的な思考へと，思考習慣が変化していることが，脳の特定部位に活性化をもたらし，知能テストの遂行を平均的に向上させている可能性が指摘されている。社会によって晒される情報の質や量が異なれば，それを処理するのに要求される能力もまた変化することを示す現象である。

　知能とは何か定義することはきわめて難しい。その意味では，知能とは「知能テストで測定されるものである」というボーリング Boring の有名な定義は正しい。本章でも，知能を定義することなく，知能研究について述べてきた。統計学的に抽出された一般知能が，実際にはどのような統合的な処理を実行しているのか，その具体的メカニズムを解明し，根拠に満ちたものにしていくことが今後の課題である。最近では，従来の知能を認知能力，あるいは情報処理能力と呼び，人間の頭のよさを，認知の処理プロセスから説明するアプローチがさかんである。脳画像研究は，脳の構造と機能に精神機能を関連づけ，認知科学や情報科学は人工知能から人間の頭のよさをとらえ直している。知能テストで測定する限定的な領域のみを対象としてきた知能研究は，科学の諸領域と手を組むことによって，新しいフェーズを迎えている。

◆学習チェック
□　知能テストの開発の経緯を理解した。
□　知能の構造を理解した。
□　知能の個人差を説明する要因を，遺伝と環境から理解した。

より深めるための推薦図書

安藤寿康（2014）遺伝と環境の心理学―人間行動遺伝学入門．培風館．

ディアリ Deary, I. J.（繁桝算男訳）（2004）知能．岩波書店．

フリン Flynn, J. R.（水田賢政訳）（2015）なぜ人類の IQ は上がり続けているのか―人種，性別，老化と知能指数．太田出版．

村上宣寛（2007）IQ ってホントは何なんだ？―知能をめぐる神話と真実．日経 BP 社．

ニスベット Nisbett, R. E.（水谷淳訳）（2010）頭のでき―決めるのは遺伝か，環境か．ダイアモンド社．

文　　献

安藤寿康（2014）遺伝と環境の心理学―人間行動遺伝学入門．培風館．

Bouchard, T. J. Jr. & McGue, M.（1981）Familial studies of intelligence: A review. *Science*, 212; 1055-1059.

Carroll, J. B.（1993）*Human Cognitive Abilities: A Survey of Factor-Analytic Studies*. Cambridge University Press.

Cattell, J. M.（1890）Mental tests and measurements. *Mind*, 15; 373-381.

Cattell, R. B.（1941）Some theoretical issues in adult intelligence testing. *Psychological Bulletin*, 38; 592.

Flynn, J. R.（1999）Searching for justice: The discovery of IQ gains over time. *American Psychologist*, 54; 5-20.

Gardner, H.（1983）*Frames of Mind: The Theory of Multiple Intelligences*. Basic Books.

Gould, S. J.（1981）*The Mismeasure of Man*. W. W. Norton.（鈴木善次・森脇靖子訳（1998）人間の測りまちがい―差別の科学史 増補改訂版．河出書房新社．）

Guilford, J. P.（1967）*The Nature of Human Intelligence*. McGraw-Hill.

McGrew, K. S.（2005）The Cattell-Horn-Carroll theory of cognitive abilities: Past, present, and future. In: D. P. Flanagan & P. L. Harrison (Eds.): *Contemporary Intellectual Assessment: Theories, Test, and Issues*, 2nd Edition. The Guilford Press, pp.136-181.

Schneider, J. & McGrew, K.（2013）*The Cattell-Horn-Carroll（CHC）Model of Intelligence v2.2: A Visual Tour and Summary*. Institute for Applied Psychometrics (IAP) 01-03-13.

Spearman, C.（1904）"General intelligence," objectively determined and measured. *American Journal of Psychology*, 15; 201-293.

Sternberg, R. J.（1985）*Beyond IQ: A Triarchic Theory of Human Intelligence*. Cambridge University Press.

Thurstone, L. L.（1938）*Primary Mental Abilities*. University of Chicago Press.

Turkheimer, E., Haley, A., Waldron, M., D'Onofrio, B. & Gottesman, I. I.（2003）Socioeconomic status modifies heritability of IQ in young children. *Psychological Science*, 14; 623-628.

第 10 章

パーソナリティ

小塩真司

 Keywords　性格，人格，パーソナリティ，類型論，特性論，ビッグ・ファイブ，因子分析，発達

I　パーソナリティとは

1．長い歴史

　パーソナリティを考えることは，人間とはどのような特徴をもつのかを考えることだといえる。人間が自分や他者のパーソナリティに関心をもちはじめたのは，最近のことではない。たとえば古代ギリシャのテオプラストス Theophrastus は書籍『人さまざま』の中で「おしゃべり」「けち」「臆病」など，当時の生活の中で見られる 30 にわたる人の特徴と行動について，具体例を交えながら記述している。

　古代ギリシャの医師ヒポクラテス Hippocrates は，人間の特質が 4 種類の体液（血液，黄胆汁，黒胆汁，粘液）のバランスに由来するという四体液説を提唱した。また古代ギリシャ・ローマの医師ガレノス Galen は四体液説を気質と結びつけ，四気質説へと発展させた。これは，人間の気質を多血質（血液：社交的で明朗な気質），黄胆汁質（黄胆汁：積極的で短気），黒胆汁質（黒胆汁：心配症で内向的），粘液質（粘液：合理的で穏やか）という 4 つの類型でとらえようとするものである。また中国の孟子は，人の性質が善であることを指摘し，仁（親愛や慈愛），義（正義や正しさ），礼（礼儀や道徳），智（知恵や知識）の 4 つを人間の誰もがもつ社会道徳上の性質として取り上げた。これらの古代における気質への言及は，われわれ人間が古くから心理的な性質に注目し，論じてきたことを表している。

なお歴史的に，日本語において personality には「人格」という語，character に「性格」という語をあてることが多かった。しかし，英語と日本語の中でのそれぞれの言葉の用いられ方，また訳語としての細かい意味の違いや混乱を考慮し，最近では「パーソナリティ」と表記することが多くなっている。本章でもその流れに従い，パーソナリティと表記する。

2．パーソナリティとは何か

パーソナリティの研究者の数だけ，パーソナリティの定義があるといわれることがある（Hall et al., 1957）。このことは，パーソナリティそのものを定義することの難しさを反映している。

たとえばオルポート Allport は，パーソナリティが個人の中にあり，その人の特徴的な行動と考えを決定する，精神身体的体系の動的組織であると述べた（Allport, 1961）。またキャッテル Cattel は，パーソナリティとは個人がある場面におかれたとき，その人のとる行動を決定するものだと述べている（Cattel, 1965）。これらの定義は，パーソナリティが個人の内部に位置し，行動に何らかの影響を及ぼす要因として仮定されていることを示唆する。

より包括的な定義としてパーヴィン Pervin は，パーソナリティとは人の生活に方向性と一貫したパターンをもたらす認知・感情・行動の複雑な体制であり，身体のように構造とプロセスをもち，遺伝と環境の両方を反映し，さらに過去に生じた影響や記憶も含むものであり，同時に現在や未来の状態も含むものであると述べている（Pervin, 2003）。ここで構造とはある要素と別の要素との間のネットワークを形成すること，プロセスはそこに時間的な前後関係を想定した表現だといえる。この両者の相違は曖昧であるが，パーソナリティがそのようなさまざまな要素の結びつきを背後にもつということがこの表現に反映されている。また若林（2009）は，パーソナリティとは各個人が認知している自己の行動や情動に現れる比較的安定したパターンについての心的表象であり，その基礎には（自覚されている程度には個人差があるが）遺伝的要因によって規定された固有の神経・内分泌などの生理・生物学的メカニズムと環境との相互作用があるとしている。そして，パーソナリティは主観的には他者との違いとして認識されるが，つねに個人の行動に何らかの形で影響を与え，発達過程を通じて維持されるが，その安定性と変化の割合には個人差があると述べている。さらに渡邊（2010）はパーソ

ナリティ概念そのものに焦点をあてた定義として，人がそれぞれ独自で，かつ時間的・状況的にある程度一貫した行動パターンを示すという現象，およびそこで示されている行動パターンを指し示し，表現するために用いられる概念の総称をパーソナリティとしている。

パーソナリティが何であるのかを一口で述べることは難しい。しかし，パーソナリティはある種の行動パターンやその背後に理論的に仮定される一種の構成概念であり，その形成には遺伝と環境の双方が関与しつつ発達的に変化し，独自の構造を有しており，何らかの心理学的個人差として表現されるという点は共通しているといえるだろう。

なお，パーソナリティの認知的特性における重要な個人差として知能を挙げることができるが，本章では取り上げない。知能についての詳細は第 9 章を参照されたい。

■　II　類型と特性

1．類型論

パーソナリティを考える際に，人々をいくつかの集団に分類し，その分類した人々に共通する典型的な特徴を記述するという手法を，類型論という。先に示したヒポクラテスやガレノスの四気質説も，人々を 4 つのパターンに分けるという点で類型論の考え方をとるものである。このように，人々を分類する類型論は古くから行われてきた方法であるが，それは生き物を動物と植物，動物をさらに昆虫，両生類，爬虫類，哺乳類と分類するように，人間が物事を整理する方法自体が類型であり，類型論はそれを人間の中に仮定される目に見えない性質に応用したものだからだと考えられる。

たとえばユング Jung は，人間の心の状態に類型的な違いがあることを見出し，外向型と内向型と名づけた（Jung, 1921/1950）。外向型とは自分自身の興味や関心が自分の外にある社会や他者に向かっている状態のことを指し，内向型とはそれが自分自身に対して向けられている状態のことを指す。

またクレッチマー Kretschmer は体格と気質に関する類型論を提唱した（Kretschmer, 1921）。クレッチマーは精神科入院患者の体型を観察し，身体の厚みよりも長さが目立つ肉づきの少ない細長型が統合失調症に多く，その一方で脂

肪が蓄積しやすく丸みを帯びた肥満型が躁うつ病に多いことを見出した。その後，骨格と筋肉がよく発達した闘士型の体型がてんかんに多いことが報告された。またこれらの発症以前の病前性格と体型との関連が想定されることによって，一般の人々の気質類型にも体型との関連が結びつけられていった。すなわち，細長型の体型に対応する分裂気質は，内気で真面目，臆病で従順であるという特徴をもち，肥満型に相当する躁うつ気質（循環気質）は社交的で善良，明るく気分の変動が大きい特徴，そして闘士型の粘着気質は秩序を好み物事に執着する特徴をもつとされる。

　その他，シェルドン Sheldon も体型の3つの基本成分を見出し，3つの気質に対応づけた（Sheldon et al., 1942）。丸い体型の内胚葉型は安楽や食にこだわる内臓緊張型と呼ばれる気質，骨や筋肉の発達が特徴となる中胚葉型は大胆で活動的な身体緊張型と呼ばれる気質，神経系統や感覚器官の発達が特徴的な外胚葉型は控えめで過敏な頭脳緊張型と呼ばれる気質に相当するとされる。

　ブロック Block はパーソナリティ発達を理解するうえで重要な概念として，エゴ・コントロールとエゴ・レジリエンスによる類型を提唱した（畑ら，2014）。エゴ・コントロールは衝動や欲求の抑制と表出の個人差の程度を意味し，エゴ・レジリエンスは周囲の状況に応じて個人のエゴ・コントロールを調整できる個人の能力を意味する。この両者を組み合わせることにより，レジリエンス群，オーバーコントロール群，アンダーコントロール群の3類型が見出された。レジリエンス群は自分自身をうまくコントロールしストレス状況下でも柔軟な対応ができること，オーバーコントロール群には衝動や欲求を過剰に抑制すること，アンダーコントロール群は衝動や欲求をうまく抑制できないことを意味する。この類型は，後に述べるビッグ・ファイブの特性を用いても統計的に導き出されることが報告されている。

2．特性論

　特性論とは，パーソナリティを細かい要素である特性に分け，1つひとつの特性を量で表現することによって表現する手法である。これはたとえば，学力全体を国語，英語，数学，理科，社会の5つの要素に分け，それぞれを量で表現するのと同じような考え方である。類型論が人を複数のグループに分類するのに対し，特性論は多くのパーソナリティ概念をまとめ，複数の概念グループに分類・整理

する方法だということもできる。

　人間にはいくつの性格特性を想定することができるのだろうか。この問題に答えを与える 1 つの方法として，心理辞書的研究が行われてきた。これは，パーソナリティの重要な表現がそれぞれの単語の中に組み込まれているという語彙仮説に基づき，辞書に掲載されている単語からパーソナリティ特性を探索する研究方法のことである。オルポート Allport は，辞書から約 1 万 8000 語のパーソナリティや個人の行動を反映する，人間を形容することのできる単語を抽出した。そして単語を分類・整理することで，パーソナリティ特性を表す単語として 4504 語を示した（Allport et al., 1936）。この研究と同じような心理辞書的研究は世界中の多くの言語で行われており，日本語においても 1950 年代に古浦一郎，1970 年代に青木孝悦，2000 年代に村上宣寛が辞書から特性語を抽出する試みを行っている。

　パーソナリティ特性語を辞書から抽出した後，因子分析やクラスタ分析といった統計手法を用いて統計的に単語を整理する試みが行われていった。因子分析やクラスタ分析を用いることによって，類似した（あるいは正反対の）意味をもつ単語をまとめ，整理することができる。たとえばキャッテル Cattel は，過去の文献からパーソナリティ特性語を抽出して調査を行い，統計処理結果に基づいて 16 の因子を見出した（Cattel, 1956）。のちにキャッテルの因子は，16 PF と呼ばれるパーソナリティ検査へと発展している。またギルフォード Guilford は，単語ではなく疑問文に対する回答を分析対象とし，10 の因子と上位の因子からなる階層構造を示している（Guilford, 1975）。このギルフォードの研究は，日本で開発された YG 性格検査へと引き継がれていった。

　その後，研究が積み重ねられていくうちに，次第に 5 つの因子が繰り返し見出されるようになっていった。コスタ Costa とマクレー McCrae は 5 つのパーソナリティ特性と，各特性にその下位次元として 6 つのファセットをもつ Revised NEO Personality Inventory（NEO-PI-R）を作成した。コスタとマクレーはパーソナリティ全体が 5 つの因子で構成されるモデルを 5 因子モデル（Five Factor Model; FFM）と呼んだ（Costa et al., 1992）。NEO-PI-R は世界中で翻訳され，さかんに使用される尺度となり，その次の版である NEO-3 も開発されている。またゴールドバーグ Goldberg は形容詞を整理し，調査データを因子分析するなかで，そのまとまりが 5 因子構造になることを示した。ゴールドバークはこのまとまりをビッ

グ・ファイブ（Big Five）と呼んでいる（Goldberg, 1990）。現在もこのパーソナリティの5つの因子のまとまりは5因子モデルやビッグ・ファイブと呼ばれ，世界中で研究が進められている。

3．ビッグ・ファイブ

ビッグ・ファイブ（5因子モデル）は，5つのパーソナリティ特性次元で人間の全体的なパーソナリティを記述するものである。その5つの次元とは，外向性，神経症傾向，開放性，協調性，勤勉性である。

①外向性（Extraversion）

外向性の高さは，積極性や活動性，刺激希求性，社交性，ポジティブな感情をもつことなどで特徴づけられる。外向性の低さは内向的であることを意味し，無口で引っ込み思案で人とあまり交わろうとしない傾向を指す。交友関係が広くリーダーシップを発揮する傾向のある外向性の高さは社会にとって望ましい特性のように思われるが，一方で外向性の高さは危険やスリルを求める傾向にもつながり，身体や命を危険にさらす行動にも結びつくとされている。

②神経症傾向（Neuroticism）

神経症傾向の高さは情緒不安定性とも呼ばれ，不安や心配が強く動揺しやすいこと，敵意や怒り，抑うつといった感情の変化の大きさによって特徴づけられる。逆に神経症傾向の低さは情緒安定性といわれるように，感情の揺れ動きの少なさを表す。神経症傾向の高さは各種の精神的な不健康さや不適応状態に結びつくことが知られている。その一方で，不安や恐れを抱きやすい神経症傾向の高さは，危険を素早く察知し，対処する警告を発する役割を担っているとも考えられる。

③開放性（Openness）

開放性は経験への開放性と呼ばれることもある。開放性の高さは広く多様なものに興味を抱き，はじめて見聞きするものに対しても積極的な関心を抱き，伝統的なしきたりにあまりこだわらず，アイデアや空想をめぐらす傾向が見られる。開放性の低さは伝統を重んじ保守的な政治的志向をもち，思考が型にはまりがちで新しいことにあまり興味を示さない傾向がある。開放性の高さは知能や創造性

にも関連するといわれるが，その一方で思考が散逸になりがちで現実性に欠ける可能性も指摘される。

④協調性（Agreeableness）

協調性（調和性）の高さはやさしく思いやりがあり，人を信じやすく他者の気持ちを察する傾向などに関わる。協調性の低さは冷淡でとげとげしく，他者を批判しがちで人のあら捜しをする，攻撃性が高いといった特徴につながるとされる。協調性の高さは円滑な人間関係に寄与する。しかしその一方で，人を信じやすい協調性の特徴は他者の意図的な欺きにうまく対応できない可能性を示唆する。また，他者を出し抜くことで勝利するような激しい競争場面では協調性の高さが成功を阻害するという可能性も考えられる。

⑤勤勉性（Conscientiousness）

勤勉性（誠実性）の高さは，計画性や熱心な課題への取り組み，仕事への集中や効率性の追求といった，真面目な人物像を示唆するパーソナリティ特性である。勤勉性の低さは，いいかげんで頼りがいがなく，秩序よりも無計画を好む傾向が見られる。勤勉性の高さは，現代社会において社会生活を営むうえで有利に働く傾向に結びつくとされる。たとえば，勤勉性の高さは学業成績の高さ，飲酒や喫煙，衝動的な行動を自己統制する傾向，そして長寿にも結びつくという研究知見がある（Friedman et al., 1993）。その一方で，勤勉性の高さは完全主義や固定化した考え方，応用性の欠如に結びつく可能性もある。

▌III　パーソナリティの諸理論・議論

ここまで，類型論と特性論を中心にパーソナリティ理論を概説してきた。しかし，これまでにパーソナリティ心理学では，各研究者が注目する現象や理論背景に基づき，多様な観点から各種の理論が提出されており，現在でも新たな理論が生まれつつある。これらの中には，現在でも活発に議論されている問題もある。過去と今後のパーソナリティ心理学を展望する一助として，ここではいくつかの理論や研究を概観する。

1．フロイトの精神分析学理論

　精神分析学者のフロイト Freud は，意識化されない精神領域に注目し，独自の
パーソナリティ理論を確立した。無意識の中でも注意を向ければ意識化できる領
域のことを前意識，意識化されることが危険なために意識からは離されている領
域を無意識とした（小塩ら，2007）。そして，エス（イド），自我，超自我という
構造でパーソナリティが構成されると考えた。エスは人間が生まれながらにもっ
ている原始的な衝動であり，自我は意識・知性の側面であり現実の環境に合致す
る行動を選択する働きをもつ。そして超自我は，エスの衝動の中でも社会的に認
められないものを表出しないようにすること，自我を道徳的な方向に向けさせる
働きをもつ。この 3 つの要素の強さには個人差があり，エスが強い個人は衝動的
な行動，自我が強ければ合理的な行動，超自我が強い者は道徳的行動が表出しや
すいとされる。

2．行動主義理論

　行動主義の観点からパーソナリティをとらえる理論もある。パヴロフ Pavlov は
中枢神経系の興奮と制止のプロセスが機能するうえで，中枢神経系の性質に注目
した。中枢神経系の性質には興奮の強さである強度と，興奮と制止のバランスが
あり，この程度には個人差があると考えた。

　またロッター Rotter は，特定の社会的状況に反応する潜在的可能性としてパー
ソナリティをとらえる社会的学習理論を提唱した。社会的学習理論では，個人の
行動を予測するために状況，行動のポテンシャル，期待，強化価という 4 つの変
数を考慮する。状況とは個人がおかれている状況のことであり，行動のポテンシ
ャルとはある状況のもとである行動が生じる可能性のことを指す。また期待とは
ある行動によって目標や報酬に到達できるという見通しであり，強化価はさまざ
まな行動に対する価値のおき方である。そしてこれらの組み合わせによって，個
人の行動の違いを説明することができるとされる。

3．一貫性論争

　ミッシェル Mischel は，パーソナリティが状況を超えて一貫するのかどうかに
ついて批判的に検討した（若林，2009）。それは，第 1 に認知能力以外では，人

間の行動には長期間にわたる安定性や状況を通じた一貫性が示されないこと，第2に安定したパーソナリティの根拠とされる個人の行動が実際には状況に規定されていることが多いこと，第3にパーソナリティの測定が特定の状況における個人の行動を予測できないこと，そして第4にパーソナリティ特性は行動を体系的にとらえるために使用する記述的なラベルであり，実際の内的構造を反映しているわけではないといった内容である。人々の行動が一貫し，そこにパーソナリティが存在しているように見える背景には，同じような状況下における観察や測定があるという指摘である。こうした議論は，一貫性論争と呼ばれる。このような議論を経て現在では，パーソナリティと状況のどちらが行動に影響を及ぼすか，という二者択一的な議論ではなく，双方を考慮しながら行動や現象を説明しようとするモデルを立てるようになっている。

4．その他の因子モデル

① 7 因子

　パーソナリティの特性語を因子分析することで，7つの因子が見出せたことを報告する研究がある（Almagor et al., 1995）。その内容は，ポジティブな感情価，ネガティブな感情価，ポジティブな情動性，ネガティブな情動性，勤勉性・信頼性，協調性，因習性と呼ばれる7次元である。これらの次元とビッグ・ファイブとの関連を検討した研究によると，神経症傾向がネガティブな情動性，外向性がポジティブな情動性，勤勉性が勤勉性・信頼性，協調性は協調性に対応していた。またポジティブな感情価は神経症傾向の低さと外向性，勤勉性，開放性の高さに対応し，ネガティブな感情価は勤勉性と協調性の低さに対応していた。パーソナリティの7次元はビッグ・ファイブと対応する部分と，組み合わせた次元の双方が含まれているようである。

② 6 因子

　心理辞書的研究から発展したビッグ・ファイブ以外のパーソナリティの統合的モデルの1つに，HEXACO（ヘキサコ）モデルがある（Ashton et al., 2001）。このモデルは，H（honesty-humility; 正直さ－謙虚さ），E（emotionality; 情動性），X（extraversion; 外向性），A（agreeableness; 協調性），C（conscientiousness; 勤勉性），O（openness to Experience; 経験への開放性）という6つの因子で人間の

パーソナリティ全体を記述しようとする。このモデルには，ビッグ・ファイブには含まれていない正直さ – 謙虚さ（honesty-humility）という次元が見出されている点に特徴がある。他はおおよそビッグ・ファイブに共通する内容であるが，ビッグ・ファイブと HEXACO の協調性次元は互いにやや異なる内容で構成されていることも報告されている。

③　2因子，1因子

　　ディグマン Digman は，ビッグ・ファイブの上位に 2 つの因子が想定可能であることを示した。神経症傾向，勤勉性，協調性の上位の因子は α，外向性と開放性の上位の因子は β と呼ばれ，複数のビッグ・ファイブ尺度を異なる調査対象者に実施した際にも，共通してこれらの因子が観察されることを報告した（Digman, 1997）。後にデヤング DeYoung らはこれらの因子を再確認し，α に相当する因子を安定性（stability），β に相当する因子を柔軟性（plasticity）と名づけている（DeYoung et al., 2002）。安定性は動機づけの高さやポジティブな感情，社会的相互作用に関わり，柔軟性は新奇な経験を積極的に求めることに関わるとされる。

　　さらにラシュトン Rushton らは，安定性と柔軟性の上位に，パーソナリティの一般因子（General Factor of Personality; GFP）を想定可能であることを示した。GFP については，重要な生活に関わる因子であるという主張がある一方で，測定技術上の問題にすぎないという反論がなされることもある。

5．さまざまなパーソナリティモデル

①アイゼンクのモデル

　　アイゼンク Eysenck は基本的なパーソナリティ次元として，外向性と神経症傾向の 2 次元を想定した（Eysenck, 1967）。外向性は個人の基本的な指向性が自分の外側を向いているか内側を向いているかを意味し，神経症傾向は不安を抱きやすく不健康な傾向であるかどうかを意味する。アイゼンクはこれらの次元を大脳や自律神経系の興奮・制止に結びつけて個人差を論じた。また，第 3 の次元として精神病傾向を想定した。この次元は，衝動の自己統制の程度を表す。またアイゼンクはパーソナリティの階層構造を想定しており，最下層に刺激に対する反応の水準，その上位に習慣の水準，さらに上位に特性水準，そして最上層に類型水準を仮定していた。

② BIS/BAS

　グレイ Gray は不安と衝動性の個人差に注目した。そして，不安の背景には行動抑制系（Behavioral Inhibition System; BIS），衝動性の背景には行動賦活系（Behavioral Activation System; BAS）という動機づけシステムが想定されている。このモデルはアイゼンクの外向性と神経症傾向の 2 次元モデルを発展させたものでもあり，外向性と神経症傾向の間に衝動性，神経症傾向と内向性の間に不安が位置する。行動抑制系とは，罰や無報酬，新しい刺激などを受け行動を抑制したり注意を喚起したりする行動を引き起こすシステムである。行動賦活系は報酬や罰がないことを前提に，目標達成に向けた行動を引き起こすシステムである。BISと BAS の個人差を測定する尺度も開発されており，多くの研究が行われている。

③刺激希求性

　ズッカーマン Zuckerman は刺激希求性（刺激欲求，感覚追求；sensation seeking）という概念を提唱した。これは多様で新奇，複雑な刺激への欲求を意味し，危険や体験を志向する欲求の個人差を意味する。この概念は感覚遮断実験への個人差を説明するために提唱されたものであった（古澤, 2010）。ズッカーマンらが作成した刺激希求性尺度には，スピードや危険なスポーツなどに従事する傾向であるスリルと冒険の追求，新奇な体験をしてみようとする体験の追求，社会的な抑制を解除させたいという欲求である脱抑制，刺激に対する慣れやすさを意味する退屈への敏感さという 4 つの下位次元をもつ。またズッカーマンが作成したパーソナリティ検査である ZKPQ（Zuckerman-Kuhlman Personality Questionnaire）には，「衝動性−刺激希求性」「神経症傾向−不安」「攻撃性−敵意」「活動性」「社交性」という 5 つの次元が含まれている。

④ Cloninger のモデル

　クロニンジャー Cloninger は，生物学や臨床場面の知見に基づき，精神障害に特有のパーソナリティを説明する独自の理論を構築した（木島, 2014）。このモデルでは，新奇性追求，損害回避，報酬依存，持続・固執の 4 つの気質次元と，自己志向，協調，自己超越という 3 つの性格次元，合計 7 つの個人差次元を想定する。気質次元の新奇性追求は行動の開始，損害回避は行動の抑制，報酬依存は行動の維持，持続・固執は行動の固着を意味する。また性格次元の自己志向は自

己決定や意志力を背景とした行動の統制・調節能力，協調は社会的受容や他者の権利への関心，自己超越は自然や霊的なものへの統一的観点に関わる。

⑤ダーク・トライアド

　ポールハス Paulhus は，他者に危害を加えやすい特徴をもつ 3 つのパーソナリティには共通要素があると主張し，ダーク・トライアド（Dark Triad）と呼んだ。そのパーソナリティ特性は，他者を操作しようとするマキャベリアニズム，冷酷で感情の希薄なサイコパシー，そして自分自身を過剰に高く評価する自己愛の 3 つである。これらのパーソナリティ特性は互いに正の相関関係にあり，ともに攻撃性や自己中心的な振る舞い，奔放な異性関係に関わるとされている。

Ⅳ　パーソナリティの発達

1．遺伝と環境

　パーソナリティの遺伝規定率については，これまでに数多くの検討がなされてきている。基本的にパーソナリティ特性に対しては数多くの遺伝子が関与するポリジーン・モデルが想定されており，あるパーソナリティ特性を高める（低める）ように働きかける遺伝子は，数多く存在する。そのように考えることによって，両親がもつ遺伝子が掛け合わされて子どもに伝わることから，親がもつパーソナリティ特性が子へとそのまま伝達するわけではないことがいえる。また，遺伝を確率的にとらえることにより，環境がパーソナリティに及ぼす影響も確率的にとらえることが可能となる。

　パーソナリティに対する遺伝と環境の影響を検討する方法の 1 つが，双生児を対象とした行動遺伝学である。一卵性双生児は遺伝的な一致率が 100％なのに対し，二卵性双生児は 50％となる。この比率の差を利用し，遺伝と環境の影響力を推定する。また，環境の中でも双生児の類似性を高める働きをする環境を共有環境，双生児の類似性を低める働きをする環境を非共有環境という。一般的に，共有環境は家庭環境，非共有環境は各自がもつ家庭外の独自の環境だと解釈される。

　複数の研究で見出されたビッグ・ファイブの各特性に対する遺伝率はおおよそ 50％であり，非共有環境の影響力もおおよそ 50％である。そして，共有環境の影響力はほぼ 0％であることが推定されている（安藤，2000；Jang et al., 1996）。

2．気　　質

乳幼児期の心理的個人差や，遺伝的規定率が高いと想定される心理特性を気質という。トーマス Thomas とチェス Chess は，気質の類型と特性を明らかにした（Thomas et al., 1968）。乳幼児期を対象とした縦断的研究を行うなかで，扱いやすい子ども（easy child），扱いにくい子ども（difficult child），そしてウォームアップに時間のかかる子ども（slow-to-warm-up child）という 3 類型を見出した。また，気質特性として活動水準，周期の規則性，順応性，接近・回避，刺激に対する閾値，反応強度，気分の質，気の散りやすさ，注意の範囲と持続性の 9 次元を明らかにした。

バス Buss とプロミン Plomin は，発達の初期に現れる遺伝的・生得的な気質として情動性，活動性，社会性を想定した。またロスバート Rothbart は気質を環境の変化に対する反応性と，反応性を調整する機能である自己制御における個人差だと考えた。さらにケイガン Kagan らは，幼児期から児童期にかけて行動抑制性と呼ばれる気質特性が共通して見られることを報告した。これは新奇な場面で不安や恐怖を抱きやすく臆病になる傾向である。

乳幼児期の気質がその後のパーソナリティへと発達的に変化していくのかについては，明確な結論が下せるわけではない。ロバーツ Roberts らの研究によれば，3 歳未満の心理学的個人差特性の安定性は低く，青年期，成人期，老年期にかけて安定性が上昇していくことが報告されている（Roberts et al., 2000）。

3．年齢に伴うパーソナリティの変化

年齢に伴ってパーソナリティの平均値は一定方向へと変化していくことが知られている。児童期から青年期にかけて，神経症傾向が高まり開放性，協調性，勤勉性が低くなる。成人期以降老年期にかけて徐々に神経症傾向が低下し，協調性と勤勉性が上昇する様子が観察される。この成人期以降の変化については，日本においても同様の年齢に伴う変化が報告されている（川本ら，2015）。このように，パーソナリティが成人期以降，社会的におおよそ望ましいとされる方向に発達する傾向のことを，成熟の原則（maturity principle）と呼ぶ。

◆学習チェック
□　パーソナリティの定義を理解した。
□　類型論と特性論の違いを理解した。
□　ビッグ・ファイブの 5 つの特性の特徴を理解した。
□　パーソナリティの一貫性への批判内容を理解した。
□　気質とパーソナリティの発達について理解した。

より深めるための推薦図書

安藤寿康（2012）遺伝子の不都合な真実―すべての能力は遺伝である．筑摩書房．

ネトル Nettle, D.（竹内和世訳）（2009）パーソナリティを科学する―特性 5 因子であなたがわかる．白楊社．

村上宣寛（2011）性格のパワー―世界最先端の心理学研究でここまで解明された．日経 BP 社．

小塩真司（2010）はじめて学ぶパーソナリティ心理学―個性をめぐる冒険．ミネルヴァ書房．

菅原ますみ（2003）個性はどう育つか．大修館書店．

ミシェル Mischel, W. ほか（黒沢香・原島雅之監訳）（2010）パーソナリティ心理学―全体としての人間の理解．培風館．

文　　献

Allport, G. W.（1961）*Pattern and Growth in Personality*. Holt, Rinehart, and Winston.

Allport, G. W. & Odbert, H. S.（1936）Trait-names: A psycho-lexical study. *Psychological Monographs*, 47, No.211.

Almagor, M., Tellegen, A. & Waller, N. G.(1995)The Big Seven model: A cross-cultural replication and further exploration of the basic dimensions of natural language trait descriptions. *Journal of Personality and Social Psychology*, 69; 300-307.

安藤寿康（2000）心はどのように遺伝するか―双生児が語る新しい遺伝観．講談社．

Ashton, M. C. & Lee, K.（2001）A theoretical basis for the major dimension of personality. *European Journal of Personality*, 15; 327-353.

Cattell, R. B.（1956）Second-order personality factors in the questionnaire realm. *Journal of Consulting Psychology*, 20; 411-418.

Cattel, R. B.（1965）*The Scientific Analysis of Personality*. Penguin Books.

Costa, P. T., Jr. & McCrae, R. R.(1992)*Revised NEO Personality Inventory (NEO-PI-R) and NEO Five-Factor Inventory (NEO-FFI) Professional Manual*. Psychological Assessment Resources.

DeYoung, C. G., Peterson, J. B. & Higgins, D. M.(2002)Higher-order factors of the Big Five predict conformity: Are there neurosis of health? *Personality and Individual Differences*, 33; 533-552.

Digman, J. M.（1997）Higher-order factors of the Big Five. *Journal of Personality and Social Psychology*, 73; 1246-1256.

Eysenck, H. J. (1967). *The Biological Basis of Personality*. Charles C. Thomas Publisher.

Friedman, H. S., Tucker, J. S., Tomlinson-Keasey, C. et al.（1993）Does childhood personality predict longevity? *Journal of Personality and Social Psychology*, 65; 176-185.

古澤照幸（2010）刺激欲求特性が社会行動に及ぼす影響．同友館．

Goldberg, L. R.（1990）An alternative "description of personality": The Big-Five structure. *Journal of Personality and Social Psychology*, 59; 1216-1229.

Guilford, J. P.（1975）Factors of factors of personality. *Psychological Bulletin*, 82; 802-814.

Hall, C. S. & Lindsey, G.（1957）*Theories of Personality*. Wiley.

畑潮・小野寺敦子（2014）エゴ・レジリエンス研究の展望．目白大学心理学研究，10; 71-92.

Jang, K. L., Livesley, W. J. & Vemon, P. A.（1996）Heritability of the Big Five personality dimensions and their facets: A twin study. *Journal of Personality*, 64; 577-592.

Jung, C. G.（1921/1950）*Psychologische Typen*.（吉村博次訳（2012）心理学的類型．中央公論新社．）

川本哲也・小塩真司・阿部晋吾ほか（2015）ビッグ・ファイブ・パーソナリティ特性の年齢差と性差—大規模横断調査による検討．発達心理学研究，26; 107-122.

木島伸彦（2014）クロニンジャーのパーソナリティ理論入門—自分を知り，自分をデザインする．北大路書房．

Kretschmer, E.（1921）*Körperbau und Charakter: Untersuchungen zum Konstitutionsproblem und zur Lehre von den Temperamenten*. Springer.（斎藤良象訳（1944）体格と性格．肇書房．）

小塩真司・中間玲子（2007）あなたとわたしはどう違う？—パーソナリティ心理学入門講義．ナカニシヤ出版．

Pervin, L. A.（2003）*The Science of Personality*, 2nd Edition. Oxford University Press.

Roberts, B. W. & DelVecchio, W. F.（2000）The rank-order consistency of personality traits from childhood to old age: A quantitative review of longitudinal studies. *Psychological Bulletin*, 126; 3-25.

Sheldon, W. H. & Stevens, S. S.（1942）*The Varieties of Temperament: A Psychology of Constitutional Differences*. Harper & Brothers.

Thomas, A., Chess, S. & Birch, H. G.（1968）*Temperament and Behavior Disorders in Children*. New York University Press.

若林明雄（2009）パーソナリティとは何か—その概念と理論．培風館．

渡邊芳之（2010）性格とはなんだったのか—心理学と日常概念．新曜社．

社会と個人

村本由紀子

⊶ Keywords　認知の社会的成立，認知的不協和，他者の存在の効果，社会的手抜き，社会的
ジレンマ，同調，多元的無知，文化，文化的自己観

　人間は社会的動物であるといわれる。個々の人間がもつ心の性質や行動の傾向
は，当人を取り巻く大勢の人々が形成する「社会」の影響を強く受けている。と
同時に，個々の人間は当の社会の一員であり，周囲の人々とともに社会そのもの
を形づくる担い手でもある。この章では，主として社会心理学の領域におけるい
くつかの古典的研究を足がかりとして，社会と個人のダイナミックな関係につい
て考えていく。

I　認知の社会的成立

1．自己の情動の意味づけ

　私たちは通常，「自分のことは自分が一番よくわかっている」と考えがちであ
り，少なくとも自分の気持ち，すなわち内的な心の状態に関する認識は，個人の
直接的な経験として得られると理解している。しかし，いくつかの社会心理学の
知見はこの素朴な常識を支持していない。

　「情動二要因理論」は，人の情動とそれに伴う身体的・生理的な反応の多義性・
曖昧性に焦点をあてた古典的理論の 1 つである（Schachter, 1964）。この理論に
よれば，人が経験する生理的な反応（心拍，発汗，涙など）は情動の種類によら
ず比較的類似しており，生理的反応の認知だけで特定の情動を自覚することはで
きない。そこで人はそのときの周囲の状況から，生理的喚起の原因となった情動
が何かを推測し，後づけ的に情動のラベリングを行うという。この理論を検証し
たダットン Dutton とアロン Aron の研究では，よく揺れる高所の吊り橋を渡り終

わった直後の男性に対して，橋のたもとに待機していた女性の実験者が声をかけた。彼女は男性に簡単な調査への協力を依頼した後，興味があれば後日連絡をくれるようにと言いながら電話番号のメモを渡した。すると，男性が実際に電話をかけてきた比率は，危険のない状況で女性と出会った場合よりもはるかに高かった。吊り橋を渡ることで心拍が速くなり，生理的な興奮状態にあった実験参加者たちが，みずからの興奮の原因をもっぱら目の前に現れた女性への関心・好意によるものと「誤帰属」した（誤った原因推測を行った）のである（Dutton et al., 1974）。

　この実験結果を現実場面に置き換えて考えたとき，こうした状況で異性に対して感じた好意が「誤り」であるか否かを早計に結論づけることはできない。2 人のその後の関係次第で，最初の「誤解」は結局，誤解ではなかったということになりうるからである。たとえ当初の原因帰属が不正確であったとしても，それがきっかけで，「予言の自己成就」的にリアリティが形づくられる（誤った予言がそれを信じた人々の行動を通じて現実へと転化する）ことは珍しくない。重要なのは，きわめて個人的なプロセスと思われる自己についての認知が，開かれた社会との交流を通じて後づけ的に果たされるという事実であり，このことはまさに，個人の心と社会との不可分な結びつきを示唆している。

2．無意識に生じる好意

　情動の原因推測のみならず，それ以外の認知判断に関しても，「誤帰属」の現れと思われる現象は存在する。その一例として，「単純接触効果（mere exposure effect）」を取り上げよう（Zajonc, 1968）。特定の対象との接触をただ繰り返し経験するだけで，その対象に対する好意や愛着が増大するというこの現象は，接触経験に伴って知覚的な情報処理が容易になることが，対象の好ましさに誤って帰属されることで生じると考えられている。

　ザイアンス Zajonc は，ミシガン州立大学の卒業生名簿から 12 人の顔写真を選び，大学生参加者に対してランダムな順番で 2 秒おきに繰り返し呈示した。その際，写真によって呈示回数を 0 ～ 25 回の間で変化させた。その後，それぞれの顔写真の人物にどの程度好意を抱くかを評定させたところ，呈示回数の多い写真の人物ほど好まれるという結果が得られた。追試の結果，人物のみならず，絵や文字，図形，商品など，どのような対象の場合でも，単純に接触が繰り返されれ

ばされるほど（だいたい数十回までは）好感度が増大することが明らかとなった（Zajonc, 1968）。

　単純接触効果は必ずしも対象への見覚え・既視感によってもたらされるとは限らず，本人が対象との接触経験を覚えていない場合にも見出されることがある（Kunst-Wilson et al., 1980; Monahan et al., 2000）。ある実験では，ランダムに作成した一連の不規則な八角形を参加者に対して1つずつ閾下（1000分の1秒）で瞬間呈示し，これを図形ごとに5回繰り返した。ついで，各図形を新しい図形と対にして呈示し，「先ほど呈示されたのはどちらか」を強制的に判断させたところ，正答率は50％前後で，偶然の水準であった。ところが，同じ図形対について「より好ましいのはどちらか」を尋ねると，今度は以前に呈示された図形を好む割合が約60％と，偶然の水準よりも高かった（Kunst-Wilson et al., 1980）。

　単純接触効果は，現実場面における広告の戦略にも応用されている。実際，私たちの日常生活には，候補者の名前だけを連呼する選挙カー，商品名をメロディと結びつけて繰り返し流すテレビCM等が溢れている。ただし，閾下での単純接触に関しては，それが個人の行動にまで影響を及ぼすことを示した研究成果はほとんどない。すなわち，かりに閾下刺激が埋め込まれた広告に接したとしても，それが直接の原因となって，消費者や有権者が無意識のうちに特定の商品を買ったり，特定の政治家に投票したりしてしまう恐れはないとみてよいだろう（Pratkanis et al., 1992）。個人の無自覚な関心や好意が明確な購入の動機づけへと変化するには，みずからの能動的な働きかけが必要だと考えられる。次項では，その働きかけの一例として「認知的不協和（cognitive dissonance）」をめぐる心理プロセスを取り上げたい。

3．認知的不協和と自己の行動の再定義

　認知的不協和理論によれば，自己や自己を取り巻く環境に関する複数の認知要素の間に矛盾や食い違い（不協和）が生じると，不快な緊張状態がもたらされる。そこで個人は，認知要素の一方を変化させたり，新たな認知要素を加えたりすることによって，不協和を低減・解消しようとする（Festinger, 1957）。

　フェスティンガー Festinger とカールスミス Calrsmith は，次のような実験を通じて，個人が不協和の低減を図るプロセスを描き出した。実験参加者は，単調で退屈な作業に1時間取り組んだ後に，実験者から，次にやってくる参加者に「作

業は面白かった」と言うよう依頼される。参加者は，この依頼を承諾したことに対する謝礼として，1 ドルまたは 20 ドルの謝礼を受け取る。すると，事後に行われた実験者との面談で，1 ドル条件の参加者は，20 ドル条件や統制条件（伝言の依頼なし）の参加者よりも，作業の面白さを実際に高く評価する傾向が見られたのである（Festinger et al., 1959）。

　20 ドル条件に割り当てられた参加者は，つまらない作業を面白かったと伝えるという不本意な状況を，20 ドルの対価を受け取ることで正当化することができた。しかし 1 ドル条件では報酬の額が小さく，参加者はみずからの行動を外的な理由づけによって十分に正当化することができない。そこで当該条件の参加者は，「退屈でつまらない」という認知と「面白いと他者に伝えた」という行動との不一致によって生じた不協和を低減させるため，作業の面白さの認知を肯定的な方向に変化させたと考えることができる。

　こうした知見は，先に見た消費行動の文脈では次のような示唆をもつ。たとえば，多くの広告に接したことで記憶の片隅に刻まれた商品を，店で見かけて思わず手にとったとしよう。このとき，自分のそのような行動を説明できる外的要因が不十分であるほど（すなわち「これはさかんに宣伝されていた商品だ」などとは思いつかない場合ほど），人は，みずからの行動と認知の一貫性を保つために，自分はその商品を好んでいるという認知を抱く可能性がある。

　現代社会の消費行動は，かつてのように商品の有用性や機能のみに着目してなされるものではない。同等の機能をもつ商品が数多く存在し，また必要以上とも思われる機能が次々と付加される今の時代には，「商品の有用性を説明→納得した消費者が購入」という，広告の発信者から受信者への一方向的な影響の図式ではなく，両者の双方向的な関与を前提とした広告が効果をもつといえるだろう。まずアクションを起こさせる――店に来てもらう，並んでもらう，手にとってもらう。そのようなきっかけさえ与えれば，消費者はみずからの行為に意味を付与し，能動的に商品への選好を形成するかもしれない。実際，認知的不協和理論を利用した段階的要請法（フットインザドア・テクニック；Freedman et al., 1966），承諾先取法（ローボール・テクニック；Cialdini et al., 1978）といった販売技法は，今も営業の現場でその有効性を発揮している。

II　他者の存在の効果

1．社会的促進・社会的抑制

　私たちの日常生活は，他者なしには成り立たない。他者の存在は，個人にどのような影響を及ぼすのだろうか。19 世紀末，トリプレット Triplett は，自転車競技を観察し，単独で走るよりも他者と一緒に走った方が，タイムが速くなることに気づいた。そこで釣り竿のリールを用いた実験を行い，1 人で糸を巻くときよりも 2 人が並んで巻く方が，作業成績がよくなると報告した（Triplett, 1898）。じつはトリプレットが提示したデータには統計学的な不備があったが，彼の着眼とその検証の試みは，社会心理学的な視点をもつ実証研究の萌芽としてとらえられている。

　その後，オルポート Allport は，運動課題のみならず認知課題においても同様の現象が見出されるか否かを検証するため，単語連想課題等を用いて実験を行った（Allport, 1924）。結果はトリプレットの主張と合致し，他者とともに課題を行う条件では，単独条件よりも成績がよくなることが示された。

　このように，他者との相互作用がなくとも，他者と近接して同じ課題に取り組むという「共行為」だけで個人の課題成績が向上するという現象を，オルポートは「社会的促進（social facilitation）」と呼んだ。さらに，共行為者ではなくたんなる「観衆」としての他者が存在する場合にも，同様の現象が見出された。

　しかし，多くの研究が蓄積されるにつれ，他者の存在がつねに課題遂行にプラスの効果を生むとは限らないことがわかってきた。とくに，難しい課題や新奇の課題を遂行する際には，共行為者や観察者の存在が，逆に個人の遂行を阻害する場合もあることが明らかになった。この現象は「社会的抑制（social inhibition）」と呼ばれる。

　社会的促進・社会的抑制の生起メカニズムについては，いくつかの異なった考え方がある。このうちザイアンスは，他者の存在はそれ自体，人の覚醒水準（生理的な興奮状態）を高める効果があると論じた（Zajonc, 1965）。彼によれば，覚醒水準が高まるとよく学習された優勢反応が表に出やすくなるが，その反応が課題遂行にフィットしていれば社会的促進，していない場合には社会的抑制が生じる。すなわち，単純な課題や習熟度の高い課題の場合は課題遂行を促進する反応

が出やすくなり，複雑な課題や習熟度の低い課題の場合は課題遂行を阻害する反応が出やすくなるという。

　社会的促進・社会的抑制は，ヒト以外の哺乳類，鳥類，昆虫などさまざまな動物種において見られるとされ（Zajonc, 1965），その発生機序の探究は近年も続けられている。他者の物理的な存在それ自体が個人の遂行に影響を与えるという現象は，社会の中で生きる人間の心のメカニズムを考えるうえで，重要な基礎的知見といえる。

2. 「自分 1 人くらいなら……」という心理

　集団で物事に取り組んだとき，集団が発揮する力は成員の能力の単純な足し算にはならない。時には個々人の能力を超えた思わぬ力が出ることもあるが，逆に，個々人が互いに他者を頼り，もてる能力が最大限に発揮されないこともある。後者のように集団状況において個人の動機づけが低下し，単独の場合よりも課題遂行量が小さくなる現象を「社会的手抜き（social loafing）」という。

　集団全体のアウトプットが個々人のインプットの総和より小さくなる現象は，これを最初に指摘した農業工学者リンゲルマン Ringelmann の名をとってリンゲルマン効果とも呼ばれる。彼は，集団で綱引きをしたときに出る力が個人の力の総和に及ばないこと，両者の差異は集団サイズが大きくなるほど広がりやすいことを見出した（Kraviz et al., 1986）。

　リンゲルマンの実験では，3 名集団で綱を引く力は個々人の力から期待される値の 85％，8 名集団の場合には 49％しかなかった。ただし，ここには個人の動機づけの低下のみならず，共同作業時の成員間の調整の難しさによる生産性の低下という側面も含まれている可能性が否定できない。綱引きの場合，個々人が綱を引くタイミングのずれなどによって，時として最大限の力で引くことが難しくなると考えられる。

　こうした観点から，ラタネ Latané らは，成員間の調整を必要としない状況で純粋な社会的手抜きの効果を確認するための実験を行った（Latané et al., 1979）。彼らは「聴覚フィードバックが発声の大きさに与える影響を調べる」と称して，実験参加者にできるだけ大きな声を出すよう求めた。その際，参加者が単独で声を出す状況（単独条件）と，何人かの他者と一緒に大声を張り上げていると信じながら声を出す状況（擬似集団条件）とを設けた。実験の結果，参加者 1 人あたり

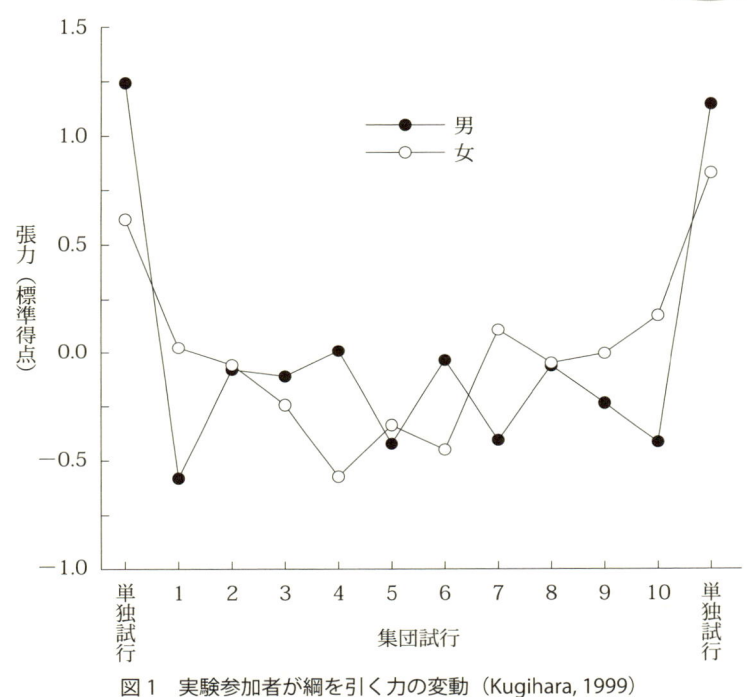

図 1　実験参加者が綱を引く力の変動（Kugihara, 1999）

（注）張力の平均値は性差が大きいため，男女別にデータを標準化したうえで比較している。

の音圧（声の大きさ）は，単独条件よりも擬似集団条件の方が小さかった。また，実際に参加者を小集団（2 ～ 6 名）単位で集めて実験を行った場合にも，やはり単独条件に比して 1 人あたりの音圧は小さくなった。さらに，集団サイズ（他者の数）が大きくなるほど音圧がいっそう小さくなるという傾向も見出された。

　釘原は，日本人学生にとって大声を出すことは気恥ずかしく抵抗があるかもしれないと考え，工夫を凝らした綱引き課題実験装置を用いて社会的手抜き現象を確認した（Kugihara, 1999）。12 回の試行のうち，最初の 1 回と最後の 1 回だけは 1 人ずつ綱を引く力を測定し，その他の 10 回は 9 名集団で綱を引かせて，各個人が綱を引く力を密かに測定した（参加者は，集団状況では個々人の貢献度は測定不可能であると信じていた）。その結果，図 1 の通り，参加者が綱を引く力の平均は，最初の単独試行後の集団状況の第 1 試行で急激に低下し，最後の単独

志向で再び急上昇した。

3．社会的手抜きがもたらす社会的帰結

　集団活動において個々の成員が自己利益を優先させ、「自分 1 人くらいなら
……」と考えて手を抜いたあげく、結果的に成員の誰にとっても好ましくない帰
結がもたらされることがある。綱引きの試合を例にとれば、個々の成員が自分だ
けのつもりでわずかな手抜きをしても、全員が同じように考えれば、誰一人望ん
でいなかった敗北という不利益がもたらされてしまう。こうした現象は「社会的
ジレンマ（social dilemma）」と呼ばれる。

　社会的ジレンマをめぐる議論は、生物学者ハーディン Hardin が提起した「共
有地の悲劇」の問題に端を発する（Hardin, 1968）。共有地の悲劇とは、誰でも自
由に利用できる共有資源が乱獲によって枯渇する現象を指す。かつてイギリスで
は、複数の農民が共有の牧草地に家畜である羊を放牧していたが、産業革命の波
が農村にも訪れると、それまでは自給目的だった羊の飼育に、羊毛の商いという
新たな目的が付与されることになった。個々の農民は 1 頭でも多くの羊を飼って
羊毛の生産量を増やし、より多くの利益を得たいと願うようになる。しかし、誰
もが同様の考えから羊の放牧数を増やせば、牧草が枯渇して共有地は荒廃し、最
終的には全員が大きな損失を被ることになる。社会的ジレンマとは、このように
個々人が自己利益のために行動した結果、社会全体で不利益が生じ、個々人にと
っても自分で自分の首を絞めるような結末がもたらされる現象を意味する。

　ドウズ Dawes はこの現象を次のように定義する（Dawes, 1980）。個人が「協
力」か「非協力」かのどちらかの行動を選択できる状況におかれたとき、①他者
が協力・非協力のどちらを選択しようとも、個人にとっては非協力を選択する方
が協力を選択するよりも望ましい結果が得られる、②しかし、全員が（自分に有
利なはずの）非協力を選択した場合の結果は、全員が協力を選択した場合の結果
よりも悪いものになってしまう。

　社会的ジレンマは、日常生活のさまざまな場面に存在している。近年急速に深
刻化しているといわれる地球温暖化現象も、企業や個人がみずからの利便だけを
考えて温室効果ガスを排出し、環境保全のための協力行動を怠った結果として生
じた社会的ジレンマの一例だと考えられている。過剰伐採による森林の砂漠化、
観光地での看板乱立による景観破壊、ゴミのポイ捨てによる街の汚染等々、環境

問題をめぐる社会的ジレンマは枚挙にいとまがない。さらに，古くは石油ショック期，近年では東日本震災後に起きた買い占め騒動による物資の不足，投票率の低下による選挙の形骸化なども，社会的ジレンマの概念によって説明可能である。

　とくに，人々の流動性・匿名性が高い都市社会では，非協力的な手抜き行動を行う者（フリーライダー）が生まれやすく，ジレンマが表面化しやすい。加えて，フリーライダーを防ぐための監視と統制にはコストがかかり，誰がそれを負担するかをめぐって「二次の社会的ジレンマ」が発生する恐れもある。社会的ジレンマの解決に向けては，社会心理学者のみならず，社会学，経済学，行動生態学など，さまざまな分野の研究者が学際的な探究を続けている。

■ III　社会と個人のダイナミックな関係

1．多数派への同調

　前節では，他者の存在が私たちに与えるいくつかの影響と，その社会的帰結について検討した。続く本節では「同調（conformity）」という事象を取り上げ，この事象が他者との相互作用を通じて 1 つの社会現象として成立するメカニズムについて検討する。

　同調とは，個人が，自己の信念と集団規範あるいは集団成員の多数派が示す標準との不一致を認識し，集団成員からの暗黙の圧力を感知して，その規範や標準に合致するよう態度や行動を変化させることである。アッシュ Asch は，シンプルな実験パラダイムを用いてこの現象の存在を示した（Asch, 1951）。この実験では，8 名の実験参加者が一室に集められた。彼らは，図 2（左）のような 1 本の線分が描かれた標準刺激と，同（右）のような 3 本の線分が描かれた比較刺激を呈示され，標準刺激と同じ長さの線分を比較刺激から 1 つ選ぶよう，順に求められた。事前テストでは正答率が 99％以上となるような簡単な課題だが，じつは 8 名の参加者のうち 7 名は，わざと誤った解答を一致して行うよう，あらかじめ実験者から依頼されていた。ただ 1 人，事情を知らない真の実験参加者は，自分の前に周囲の参加者が次々と誤答する様子を目のあたりにした。その結果, 50 名中 37 名（74％）の参加者が，12 試行のうち少なくとも 1 試行は周囲と同じ誤った線分を選び，うち 15 名（30％）は 6 試行以上で誤った線分を選んだ。こうして，全試行中 32％の試行で多数派への同調が生じた。

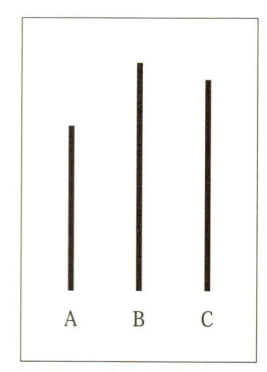

図2　アッシュ（Asch, 1951）の実験で用いられた刺激

　アッシュはさらに，多数派に従わずに正答する（自分以外の）他者が 8 名中に
1 名でも含まれている場合は，同調率が 5.5％と極端に低下することを示した。逆
にいえば多数派が一致して誤答することの効果は大きく，8 名集団で多数派 6 名・
賛同者 1 名の場合と，3 名集団で多数派 2 名・賛同者なしの場合とでは，後者の
方が多数派への同調率が顕著に高くなることも明らかになった。これらの結果は，
集団内の個人が暗黙裡に受ける「全員一致」への圧力の強さを示すと同時に，同
調の結果として生じた全員一致が，そこからの逸脱をさらに困難なものにする可
能性を示唆している。

2．社会現象としての同調

　アッシュの古典的研究で見出された同調という事象を，「多数派に影響される受
動的な個人」の心的過程としてではなく，社会的・集合的な現象として理解する
には，アンデルセン童話の『裸の王様』の例に基づく考察がわかりやすい。ある
王様のところに二人組の仕立屋がやってきて，愚か者の目には見えない不思議な
生地で衣装を作るという。王様は喜んでその仕立屋を雇うが，完成した衣装が自
分の目には見えないことを言い出すことができない。まわりの家来たちも口を揃
えて「素晴らしい衣装だ」とほめるものの，じつは誰の目にもその衣装は見えて
いなかった。新しい衣装を身にまとった（つもりの）王様は城下をパレードする。
集まった観衆もみな，見えない衣装をほめそやし歓呼するばかり。そんな中，沿
道にいた 1 人の子どもが王様を指さし，大声で「王様は裸だ！」と叫び，空気が

一変する……。

　この寓話の中で，（子どもを除く）個々の登場人物が「王様は裸だ」と言わない理由は，各人が周囲の他者に同調したからにほかならない。しかしこの説明は，「誰もがみな『王様は裸だ』とは言わない状態」がなぜ生じたかを理解するには不十分である。山岸は，社会現象としての同調には，個々人が同調しやすいか否かという個人特性によっては説明しきれない，集団特有の創発特性が介在していると指摘する（山岸，1992）。山岸によれば，このことは，誰も「王様は裸だ」と言わない町と，1 人が「王様は裸だ」と言い出したために結局は全員が「王様は裸だ」と言い出した町を思い浮かべれば容易に理解できる。この場合，2 つの町で生じた社会現象の違いを町民の同調しやすさの違いによって説明することはできないからである。

　このように，社会現象の中には「その現象を構成する個々の個人が特定の行動を取る理由の説明が，その社会現象の十分な説明とはなりえない場合」がある（山岸，1992, p.197）。家来や観衆の誰もが，個人的には王様が裸だと思いつつも，周囲が王様の衣装をほめている様子を観察して，自分だけが他の人々とは違うらしいと思い込み，それを知られたくないがために同調する。周囲の他者に同調した個々人は，みずからの同調行動が社会現象の一部を構成することを意図したわけではもちろんなく，他者に影響され，受動的に振る舞ったにすぎない。しかし，そのような個人の行動が，今度は別の他者から観察され，新たな同調行動を生む。同調は，このような自他のインタラクティブなプロセスを通じて，社会現象としての広がりを見せることになる。

3．多元的無知による社会規範の維持

　『裸の王様』の家来や観衆の間に生じた社会現象としての同調は，「多元的無知（pluralistic ignorance）」と呼ばれる状況にほかならない。多元的無知とは，集団や社会の多くの成員が，みずからは受け入れていない規範について，他者の大半がそれを受け入れていると推測している状況を意味する（Allport, 1924）。

　個人レベルでは，この現象の生起には「対応バイアス（correspondence bias）」が関連していると考えられる（岩谷ほか，2015）。対応バイアスとは，他者の行動を説明するにあたって，その行動に対応する内的属性を過度に重視し，状況要因を十分に考慮しない傾向を指す（Gilbert et al., 1995）。たとえば，プリンスト

ン大学での飲酒規範に関する調査研究では，男子学生の多くが，友人の飲酒行動を見て，その行動は彼らの信念や選好を反映していると考え，「友人たちは自分よりも飲酒が好きだ」と推測していた。個人はこの誤った推測に基づき，自身の選好に反して，他者が受け入れている（と信じる）規範に従った行動，すなわち意に添わない飲酒を行うようになったという（Prentice et al., 1993）。

　同じ社会や集団に身をおく人々が長年にわたって共有する規範や慣習の中には，多元的無知によって維持されていると考えられるものも少なくない。アメリカ南部の白人男性の間に根強いとされる，名誉を守るための暴力を是とする規範（「名誉の文化」と呼ばれる）はその一例である。

　1930 年代のルイジアナで，知人から繰り返し侮辱を受けていた男性がついにショットガンの引き金を引き，殺人の罪に問われたとき，12 名の陪審員のうち 11 名が有罪評決に反対した。その理由は，「もしそいつらを撃たなかったとしたら，彼は男じゃない」というものだった。彼らは，個人的名誉が侵害され辱められたならば，それに暴力で応じるべきだという観点から評決を行ったのである。

　ニスベット Nisbett とコーエン Cohen は，さまざまな調査や実験結果に基づき，南部の白人男性の間で今もこうした規範が維持されていること，そして実際に彼らは北部の白人男性に比べ「暴力的」であることを指摘した（Nisbett et al., 1996）。たとえばアメリカ司法省のデータでは，言い争いの末の殺人事件の発生率は，北部より南部の方が高いという。

　人類学の知見によれば，名誉の文化は元来，北ヨーロッパ周辺部や地中海沿岸部に住む牧畜民の特徴とされてきた。牧畜社会は農耕社会に比して競争的であり，人々はつねに，隣人からの強奪などによって財産である家畜を失う危険と向き合っている。ゆえに彼らは，みずからが強い覚悟をもつタフな人間であることを周囲に知らしめることに高い価値をおき，公的組織に頼らない自衛の文化を発達させてきた。ニスベットらは，そうした地域からの入植者がアメリカ南部で再び牧畜を生業としたことが，彼らの暴力性の起源だと推論している。

　とはいえ，現代のアメリカ南部はもはや牧畜社会とはいえない。それでもなお，名誉の文化がこの地で維持されている理由は何だろうか。その後の調査では，南部の白人男性の多くが，「他者は自分よりも暴力的である」と認識し，また「自分よりも他者の方が，名誉のための暴力を望ましいと考えている」と推測していることが明らかになった（Vandello et al., 2008）。これは多元的無知の状況にほか

ならない。

　コーエンは，ゲーム理論の「均衡」の概念を用いてこの状況を説明する（Cohen, 2001）。均衡状態とは，「他の人々の行動が変わらない限り，すべての人にとって，現在の行動をとり続けることが最も有利な結果を生み出す状態」を意味する（増田ほか，2010, p.140）。他者が攻撃的な行動をとっている以上，自分も同様に攻撃的であり続けなければ臆病者と見なされてしまう。かくして，名誉の文化は当初の生態環境要因が失われた後も，予言の自己成就的に再生産されることになる。

　このように，かつてアッシュが実験室に見た「同調」という事象は，社会とその一員たる個人とのダイナミックな相互構成的関係を視野に入れることにより，あらためて，社会現象としての理解が可能になるのである。

4．心と文化の相互構成

　名誉の文化の例に限らず，同じ社会や集団に身をおき相互作用を続ける人々の間には，特有の文化が生まれる。文化はいったん定着するとそれ自体が持続的な性質をもち，人々の心理や行動を規定する力をもつようになる。異なる国や地域の人々の間に構築された文化の差異に関する心理学研究の中から，代表的な理論を1つだけ紹介する。

　マーカス Markus と北山は，同じ社会に生きる人々は，自己と他者との関係について類似した見方を歴史的に共有してきた一方で，社会が異なればそのありようは異なると指摘した（Markus et al., 1991）。図3に示されるように，彼らが提起する「文化的自己観」のモデルには，欧米人の間で優勢とされる「相互独立的自己観（independent view of the self）」と，日本をはじめとする東アジア人の間で優勢とされる「相互協調的自己観（interdependent view of the self）」という2つの異なった型がある。

　相互独立的自己観とは，自己を，他者や周囲の物事から区別され，切り離された実体としてとらえる考え方である。したがって自己は，主体のもつ，周囲の状況とは独立した種々の属性，たとえば能力・才能・性格特性などによって定義される。他方，相互協調的自己観における自己とは，他者や周囲の物事と結びついて社会ユニットの構成要素となるような，本質的に関係志向的な実体である。したがって，自己の定義は特定の状況や他者の性質に依存し，人間関係そのもの，

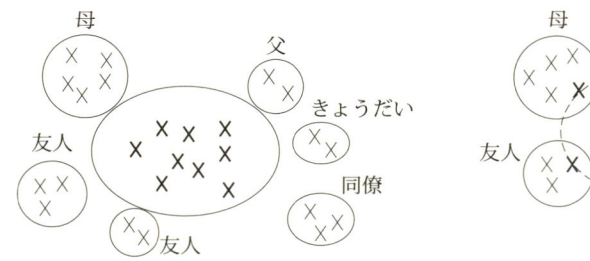

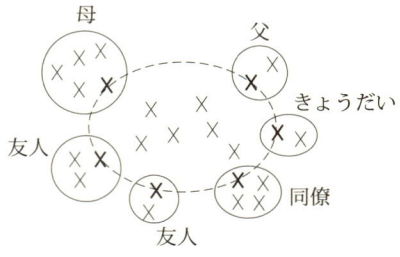

相互独立的自己観　　　　　　　　　　相互協調的自己観

図3　文化的自己観の概念図（Markus et al.,1991）

あるいはそこにある関係性の中で意味づけられている自分の属性が自己の中心的
定義となる。

　文化的自己観は，たんなる個人の自己認知や価値観についてのモデルではなく，
他者と自己との関係のあり方に関して人々の間で共有された「社会的現実」につ
いてのモデルである。北山によれば，文化的自己観は「それぞれの文化の歴史の
中で育まれ，そこにある慣習，言語の用法，ルーティン化された社会的状況や行
為，社会制度など文化そのものの性質を規定」する（北山，1994, p.153）。

　たとえば，近年この理論を用いて企業経営の特質を分析した小城によると，相
互協調的自己観が優勢な日本企業には，経営陣による意思決定過程で社内調和が
優先されやすく，またそれに伴うミドル層の社内調整では異論や摩擦を回避する
ための妥協がなされやすい，といった共通の特質があるという（小城，2017）。こ
うした特質は，当該企業の業績評価の仕組みや部門間の関係のあり方など，企業
の制度や組織構造にも反映される。小城はこれを日本企業の「文化的な癖」と呼
び，事業環境が安定しているときには経営資源の効率的な活用を促進するメリッ
トをもつが，環境変化時には合理的意思決定の阻害や構造改革への躊躇など，ネ
ガティブな方向に働くと指摘した。これらの知見は，企業という1つの社会と，
その経営者や従業員の心の性質との間に，相互構成的な関係があることを示唆し
ているといえるだろう。

　以上，個人の認知が社会との関わりの中で成立すること，他者の存在が個人に
さまざまな影響を与えること，個人もまた他者との相互作用を通じて社会そのも

のを形づくるということを，いくつかの概念や理論を例に概観してきた。本章で紹介した研究は限定的だが，近年の社会心理学およびその関連領域では，一方でマイクロな個人の認知メカニズムを（時に脳内の神経基盤にまで踏み込んで）見極める試みが，また他方でマクロな社会の多層的な構造を（時に自然環境や歴史の流れにも目を配りながら）理解する試みが，数多くなされている。新たな理論の構築はもとより，応用的な社会実装研究への展開も含め，今後の動向が期待される。

学習チェック
□　個人の認知の社会的な成立過程について理解した。
□　他者の存在が個人に及ぼす影響について理解した。
□　社会と個人の相互構成的な関係について理解した。

より深めるための推薦図書
　池田謙一・工藤恵理子・唐沢穣・村本由紀子（2010）社会心理学．有斐閣．
　亀田達也・村田光二（2010）複雑さに挑む社会心理学—適応エージェントとしての人間 改訂版．有斐閣．
　ニスベット Nisbett, R. E.（村本由紀子訳）（2004）木を見る西洋人・森を見る東洋人—思考の違いはいかにして生まれるか．ダイヤモンド社．

文　　献
Allport, F. H.（1924）*Social Psychology*. Houghton Mifflin Company.
Asch, S. E.（1951）Effects of group pressure upon the modification and distortion of judgments. In: H. Guetzkow (Ed.): *Groups, Leadership and Men: Research in Human Relations*. Carnegie Press, pp.177-190.
Cialdini, R. B., Cacioppo, J. T., Bassett, R. & Miller, J. A.（1978）Low-ball procedure for producing compliance: Commitment then cost. *Journal of Personality and Social Psychology*, **36**; 463-476.
Cohen, D.（2001）Cultural variation: Considerations and implications. *Psychological Bulletin*, **127**; 451-471.
Dawes, R. M.（1980）Social dilemmas. *Annual Review of Psychology*, **31**; 169-193.
Dutton, D. G. & Aron, A. P（1974）Some evidence for heightened sexual attraction under conditions of high anxiety. *Journal of Personality and Social Psychology*, **30**; 510-517.
Festinger, L.（1957）*A Theory of Cognitive Dissonance*. Stanford University Press.
Festinger, L. & Carlsmith, J. M.（1959）Cognitive consequences of forced compliance. *Journal of Abnormal and Social Psychology*, **58**; 203-210.
Freedman, J. L. & Fraser, S. C.（1966）Compliance without pressure: The foot-in-the-door

technique. *Journal of Personality and Social Psychology*, **4**; 195-202.

Gilbert, D. T. & Malone, P. S. (1995) The correspondence bias. *Psychological Bulletin*, **117**; 21-38.

Hardin, G. (1968) The tragedy of the commons. *Science*, **162**; 1243-1248.

岩谷舟真・村本由紀子 (2015) 多元的無知の先行因とその帰結—個人の認知・行動的側面の実験的検討. 社会心理学研究, **31**; 101-111.

北山忍 (1994) 文化的自己観と心理的プロセス. 社会心理学研究, **10**; 153-167.

Kraviz, D. A. & Martin, B. (1986) Ringelmann rediscovered: The original article. *Journal of Personality and Social Psychology*, **50**; 936-941.

Kugihara, N. (1999) Gender and social loafing in Japan. *Journal of Social Psychology*, **139**; 516-526.

Kunst-Wilson, W. R. & Zajonc, R. B. (1980) Affective discrimination of stimuli that cannot be recognized. *Science*, **207**; 557-558.

Latané, B., Williams, K. & Harkins, S. (1979) Many hands make light the work: The causes and consequences of social loafing. *Journal of Personality and Social Psychology*, **37**; 822-832.

Markus, H. R. & Kitayama, S. (1991) Culture and the self: Implications for cognition, emotion, and motivation. *Psychological Review*, **98**; 224-253.

増田貴彦・山岸俊男 (2010) 文化心理学—心がつくる文化，文化がつくる心 下. 培風館.

Monahan, J. L., Murphy, S. T. & Zajonc, R. B. (2000) Subliminal mere exposure: Specific, general, and diffuse effects. *Psychological Science*, **11**; 462-466.

Nisbett, R. E. & Cohen, D. (1996) *Culture of Honor: The Psychology of Violence in the South.* Westview Press.

小城武彦 (2017) 衰退の法則—日本企業を蝕むサイレントキラーの正体. 東洋経済新報社.

Pratkanis, A. R. & Aronson, E.(1992)*Age of Propaganda: The Everyday Use and Abuse of Persuasion.* W. H. Freeman.

Prentice, D. A. & Miller, D. T. (1993) Pluralistic ignorance and alcohol use on campus: Some consequences of misperceiving the social norm. *Journal of Personality and Social Psychology*, **64**; 243-256.

Schachter, S. (1964) The interaction of cognitive and physiological determinants of emotional state. In: L. Berkowitz (Ed.): *Advances in Experimental Social Psychology, Vol. 1.* Academic Press, pp.49-80.

Triplett, N. (1898) The dynamogenic factors in pacemaking and competition. *American Journal of Psychology*, **9**; 507-533.

Vandello, J. A., Cohen, D. & Ransom, S. (2008) U.S. Southern and Northern differences in perceptions of norms about aggression: Mechanisms for the perpetuation of a culture of honor. *Journal of Cross-Cultural Psychology*, **39**; 162-177.

山岸俊男 (1992) マイクロ・マクロ社会心理学の一つの方向. 実験社会心理学研究, **32**; 106-114.

Zajonc, R. B. (1965) Social facilitation. *Science*, **149**; 269-274.

Zajonc, R. B. (1968) Attitudinal effects of mere exposure. *Journal of Personality and Social Psychology*, **9**; 1-27.

第12章

心の健康と不適応

石垣琢麿

Keywords 不適応，ストレス，コーピング，素因ストレスモデル，心身症

Ⅰ 心の健康

1．心の健康とは何か

①心の健康の定義

　日本の厚生労働省は次のように心の健康を定義している。「こころの健康とは，（中略）いきいきと自分らしく生きるための重要な条件である。具体的には，自分の感情に気づいて表現できること（情緒的健康），状況に応じて適切に考え，現実的な問題解決ができること（知的健康），他人や社会と建設的でよい関係を築けること（社会的健康）を意味している。人生の目的や意義を見出し，主体的に人生を選択すること（人間的健康）も大切な要素であり，こころの健康は『生活の質』に大きく影響するものである。こころの健康には，個人の資質や能力の他に，身体状況，社会経済状況，住居や職場の環境，対人関係など，多くの要因が影響し，なかでも，身体の状態とこころは相互に強く関係している」（厚生労働省ホームページより）。

　この定義からだけでも，心の健康とは複数の要素が互いに関連しつつ十分に機能しているダイナミックな状態であって，単純で変化しない「もの・こと」を指すわけではないことがわかるだろう。また，社会が変化し，健康に関する研究が進み知識が増えると，その概念や定義が今後も変わる可能性がある。

　この厚生労働省の定義には多くの大切な内容が含まれている。まず，心の機能には感情（情緒），知的能力，他者との交わり，人間性[注1]という4つの側面があ

177

る。これらが互いに関連しながら十分に機能していることが心の健康状態ということになるが，これらの 4 側面には，大きく分けて 2 つの要因，個人内要因（心理と身体）とそれを取り巻く個人外要因（環境）が影響を及ぼしている。したがって，心が健康かそうでないかを検討するためには，心の機能である 4 側面の間，個人内の心と身体との間，そして個人と環境との間の相互作用をつねに考慮しなければならない。

　このように，心の健康とは多数の要素の複雑な関係から成り立っている状態であるから，繊細で壊れやすい一面がある。機能や要因のいずれか 1 つでも大きく損なわれると，その影響は全体に波及するだろう。また，この損傷が時間をかけてゆっくり生じると，心の健康を脅かす原因がわかりづらくなってしまう。しかし一方で，すべてが関連しているならば，どこかが一時的に損なわれても他の要素が補うことで健康を維持できる可能性もある。つまり，健康に関して恒常性（ホメオスタシス）を発揮する機能が心と環境には潜在しているといえる。

　心の機能，および各要因間の関係が明らかになれば，損なわれた機能や要因を修復（心理学的介入）できるだけでなく，損傷や歪みが生じないように補強（予防）できるかもしれない。この意味で，すべての科学的な心理学は心の健康に貢献できるはずである。

2．健康でない心の状態

　病気は健康の対立概念になりえない。健康は単に病気でないという状態ではないからだ。病気ではなく，しかも健康とは言い難い状態が心には存在する。したがって，「健康でない状態は不（非）健康である」としかいえないかもしれない。個人と環境との相互作用を重視した場合は，健康でない状態を一般に不適応と呼ぶこともある。

　下山（2002）は臨床心理学的アセスメントで考慮する正常と異常の基準を表 1 のように挙げている。心の正常と異常を検討するうえでこれらの基準は重要だが，どの基準にも長所と短所があり，単独の基準が安直に用いられた場合は評価

注 1)　ここでの人間性とは，人間独自の特質，選択性，創造性，価値判断，自己実現を重視する立場を指す。人間性心理学と呼ばれる分野の代表的な人物としては，欲求階層説を唱えたマズロー Maslow，クライエント中心療法を創始したロジャーズ Rogers，実存分析のフランクル Frankl，などがいる（越川，1999）。

表 1 臨床心理学的アセスメントで考慮する正常と異常の基準（下山，2002）

基準	定義
適応的基準	所属する社会に適応しているのが正常で，社会生活が円滑にできなくなったのが異常。
価値（理念）的基準	判断のための理念体系に基づく規範があり，その規範の許容範囲内で行動している状態を正常とし，規範から逸脱している場合を異常とする。
平均（標準）的基準	集団の中で平均に近い標準的状態にあるものを正常として，平均からの偏奇の度合いが強い状態を異常とする。
病理（医学）的基準	病理学に基づく医学的判断により，健康と判断された場合が正常であり，疾病と判断された場合を異常とする。

された側に不利益を生じる可能性すらある。臨床心理学的に対象の正常と異常を検討する際には，すべての基準を相対的，総合的に検討する必要がある。このことは，心の健康と不健康を考えるときも十分注意しなければならない。

3．心の健康はアセスメントできるか

心の健康が維持されることによって「いきいきと自分らしく生きる」ことができているかどうかは，最終的には個人の判断に任されるし，年齢差や個人差も大きいであろう。現代の心理学も，心の健康を包括的に理解できるには至っていない。

しかし，情緒的健康，知的健康，社会的健康，人間的健康それぞれに関わる心の機能や，身体状況と環境要因はアセスメントすることがある程度可能である。また，全体的な精神的健康度を調べる質問紙として，精神的健康調査票（General Health Questionnaire; GHQ）や CMI 健康調査票（Cornell Medical Index Health Questionnaire），POMS（Profile of Mental States）などがある。

さらに，心の健康のキーワードである「生活の質（Quality of Life; QOL）」や「主観的幸福感（Subjective Well-Being; SWB）」と呼ばれる概念が近年では重視されるようになっており，質問紙も多数開発されている（たとえば，WHO QOL-5）。いずれの概念も，個人の経済的・物質的充足だけでない心理的満足感を重視している。また，この満足感には感情，認知（思考），行動という 3 つの側面があると考えられており，質問紙は各側面間の関係を検討できるように設計されている。

ただし，生活の質や幸福感の高さが心の健康と同義であるとは必ずしもいえな

い。さらに，決定的な尺度がまだ存在しないことは，これらの概念を客観的に測定することの困難さを表しているといえる（堀，2001）。

■ Ⅱ　不適応とストレス

1．不適応

適応とは，環境への受動的な適合である順応（adaptation）とは異なり，個人から環境への積極的な働きかけとその行動目標や，個人のもつ目標や価値なども意味する概念である。適応のプロセスは生理（身体）と心理の両面で生じ，個人の一部分から全人格までが含まれる。

不適応とは，外的環境（自然的環境と社会的環境）や個人内要因（心と身体）に適応する行動が十分とれず，本人または社会に何らかの不利益が生じている状態を指す。適応／不適応も健康／不健康と同様に「状態」を意味する。それが生じる原因やプロセスは個人や状況に応じてさまざまであり，それを説明する理論も精神分析から生物学まで幅広く存在する（石垣，2013）。

アメリカ心理学会（American Psychological Association; APA）は不適応を3つに定義している（表2）。表2の定義1と2から明らかなように，不適応はたんに医学的な疾患[注2]を意味しない（ただし，定義3は「適応障害」という精神障害の1つを指している）。したがって，不適応状態に陥った個人を心理学的に支援する場合は，疾患の除去を目指す医学的治療とは異なり，不適応の原因とメカニズムを環境との相互作用やストレスという観点から探ることによって，適応状態に回復することが目的となる。

2．不適応の理論

丹野（2009）を参考に，不適応を説明する精神分析理論，学習理論，認知理論の3つを簡単に解説する。ここでの不適応とは，恐怖，不安，抑うつのような気

注2）ドイツの精神医学者であるクレペリン Kräpelin は「疾患単位」という概念を提唱した。彼によると，疾患 disease とは，一定の病因，症状，経過，予後，病理組織学的所見などを備えた病的な状態を指す。一方，疾病 illness とは，疾患によるものだけでなく，人間が社会で生存していくうえで不都合な状態を指す（大熊，2013）。したがって，クレペリンの定義する疾病と現代の不適応の概念とは重なる部分が大きいといえる。

表 2　APA による不適応の定義（VandenBos, 2007 より）

1. 生物学的あるいは心理学的特性，行動パターン，防衛メカニズムが有害で非生産的であったり，あるいは環境との適切な相互作用，日常生活での脅威やストレスに対する効果的な対処など，多様な領域において最適な機能が阻害されている状態。
2. 効果的な関係性を維持したり，様々な領域でうまく役目を果たしたり，困難やストレスに対処したりできないこと。
3. 比較的軽症の様々な情緒障害。

分の問題が主であり，かつて心因性の精神障害，あるいは神経症（neurosis）と呼ばれた状態の症状を指している。不適応では気分以外にも，思考や意欲の問題，衝動行為や引きこもりのような行動の問題も生じうる。また，医学的症状とはいえない程度の問題も心理学的には含まれる。

①精神分析理論による不適応の説明

　フロイト Freud は心をイド（id; ドイツ語では Das Es），自我（ego; ドイツ語では Ich），超自我（superego; ドイツ語では Über Ich）の 3 つに分けるモデルを考えた。イドは無意識の存在であり，性的欲求や破壊欲求など本能的エネルギーで満ちている。性愛の欲求はとくにリビドー（libido）と呼ばれる。イドは現実を考慮せず，道徳的ルールを無視し，ひたすら快感を求めようとする（快感原則）。自我とはおもに「意識できる自分」のことであり，外界を知覚しイドの欲求を効率よく満たそうとする（現実原則）。超自我は，両親からの要求や禁止が内面化された道徳的ルールや良心のことである。

　欲求は満足を求め，無意識から自我に上ろうとする。そのときに超自我が欲求を検閲する。超自我が認めた欲求は自我に受け入れられるが，認められない欲求は無意識下に閉め出される。これが抑圧である。

　自我は，外界と無意識と超自我を適切におり合わせる調整役でもある。しかし，この調整に失敗すると，それぞれから自我は脅かされる。危機的な状況に陥ったり，欲求不満になったりすると，外界が自我に脅威を与える。また，抑圧が強すぎて，満たされない欲求が無意識にたまると，それは衝動となって自我を圧倒しようとする。さらに，道徳的ルールに反して行動すると，超自我によって非難される。このような場合，自我は強い不安にさらされる。この不安を解消するために，自我は無意識のうちにいろいろな手段をとるが，これを防衛機制と呼ぶ。防

衛機制のおもなものとして，抑圧（考えや感情を意識の外に閉め出すこと），退行（精神発達のより未熟な段階に逆戻りすること），置き換え（特定の人や物への感情を別の対象に向けること），昇華（反社会的な欲求を社会的な方に向けること）などがある。

　防衛機制が失敗すると不安はさらに強まる。これがフロイトの考えた不適応状態であり，神経症の不安症状である。この不安を抑圧するために他の防衛機制がさらに強まることもある。置き換えによって不安が他の対象に置き換えられたものが恐怖症状，自分の考えや行為に置き換えられたものが強迫症状，身体症状に置き換えられたものが転換（変換）症状だとされる。転換（変換）症状とは，神経や筋肉に異常がないのに知覚の障害（視覚，聴覚，皮膚感覚の減退など）や運動の障害（失立，失歩，失声など）が生じることである。

②学習理論による不適応の説明

　ワトソン Watson は，古典的条件づけによって恐怖症状が学習されることを示した。彼は，白ネズミを怖がらない幼児に対して，白ネズミを見せると同時に不快な大きな音を立てた。すると，白ネズミが恐怖対象として幼児に学習され，次に白ネズミの姿を見るだけで泣き出してしまうようになった。

　また学習理論は，強迫症状がオペラント条件づけによって学習されることを示している。強迫症状とは，たとえば，手が汚れているのではないかという考えが強すぎる（強迫観念）と，その考えによる強い不安を打ち消すために何時間も手洗いをしてしまう（強迫行為）ことを指す。学習理論ではこの一連の行動を，苦痛な体験をしたときに，たまたま他の行動によって苦痛が和らいだ場合，苦痛が和らいだこと自体が強化となってオペラント条件づけが成立する，と考える。そして，今度は苦痛を感じそうな不安を予期するだけで，その行動をとるようになる。これが症状としての強迫行為だと考えられる。強迫的な行動は，たとえば医療現場で清潔を保つためには適応的だと考えられるが，強迫行為の頻度や程度がはなはだしい場合は社会的活動を妨げ，不適応状態に陥ってしまう。

③認知理論による不適応の説明

　ベック Beck は，抑うつになりやすい人には考え方（認知）に偏りがあることを明らかにした。たとえば，過度の一般化（わずかな経験から広範囲のことを結

論してしまう誤り），恣意的推論（証拠もないのにネガティブな結論を引き出すこと），選択的注目（最も明らかなものには目もくれず，些細なネガティブなことだけを重視する），完全主義的思考（物事を完全にしないと気が済まないこと），などである。この考え方自体は無害であり，一時的には誰にでも生じうる。しかし，自分自身・環境・未来のすべてに関して偏った考え方で判断する傾向が強いと，抑うつを生じさせたり持続させたりしてしまう。

　また，ベックの認知理論は，「抑うつスキーマ」と呼ばれる特徴的な信念をもつ人に，特定のストレスが加わるとうつが生じるという，認知的な素因ストレスモデルでもある（素因ストレスモデルについては後述する）。抑うつスキーマとは「自分は負け犬だ」とか「自分の人生はすべてうまくいかない」のように長期にわたって形成されたネガティブな人生観や世界観であり，普段は意識されない。認知的素因としてこうしたネガティブな信念をもっている人に，苦手とする領域のストレス（ベックは対人関係領域と達成領域の2つにストレスを分けている）がかかると抑うつの特徴的な考え方（偏った認知）が発動され，結果として抑うつ気分が生じる可能性が高まるのである。

3．ストレスとストレス反応

①ストレッサーとストレス反応

　生理的なストレス状態とは，交感神経系の興奮と副腎髄質の活性化によって，心拍数増加，血圧上昇，呼吸数増加，筋緊張上昇，まばたき数増加などが一時的に現れる状態である。このとき，視床下部 − 下垂体 − 副腎皮質系も活性化されて免疫反応が抑制される。こうした生理的反応と，不安，うつ，混乱，怒りなどの心理反応，回避，粗暴行為などの行動反応をまとめてストレス反応と呼ぶ。ストレッサーとはこのストレス反応を引き起こす原因のことである。セリエ Selye は，非特異的ストレッサーにさらされたときの生体防衛反応を汎適応症候群（general adaptation syndrome; GAS）とよんだ。セリエのいう非特異的ストレッサーとは，「種類を問わない外界からの侵襲」という意味である（林, 1990）。GAS はストレッサーの影響を受けてからの時間経過によって，警戒期・警告反応期，抵抗期，疲憊期の3段階に分けられる。

　ストレッサーには寒冷，飢餓，疲労のような身体的ストレッサーと，さまざまなライフイベント（life events）や日常のいらだちごと（daily hassles）のような

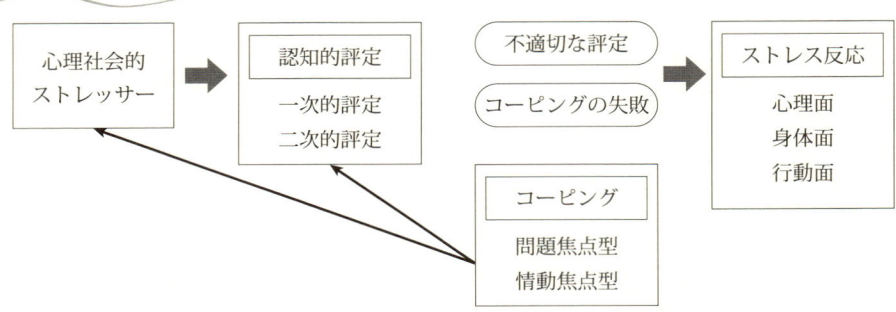

図1　ラザルスによるストレス反応を決める認知行動的要因

心理社会的ストレッサーがある。ホームズ Holmes とレイ Rahe は 1960 年代に，ストレッサーになりうるライフイベントを調査するための尺度，「社会再適応評価尺度（Social Readjustment Rating Scale; SRRS）」を開発した（林，1990）。彼らは出来事のインパクトを「生活変化ユニット」として数値化している。彼らの尺度の生活変化ユニット上位 5 つは，配偶者の死，離婚，夫婦別居生活，拘留，親族の死，である。一方，日常のいらだちごとには，仕事への不満，食事の世話，時間の無駄遣いなどが含まれ，1 つひとつのインパクトは小さくても，不適応による心身の健康状態の予測にはライフイベントよりも役立つと考えられている。

②ストレス反応に影響する認知と行動

　ラザルス Lazarus は，心理社会的ストレッサーを「ある個人の資源に重荷を負わせる，ないし資源を超えると評定された要求」と定義した（小杉，2002）。また，ストレス反応を決める認知行動的要因は認知的評定と対処行動（コーピング）の 2 つだと考えた（図 1）。認知的評定とは，ストレッサーが自分にとって脅威になるか（一次的評定），対処できるか（二次的評定）について下される評価を意味する。コーピングとは，ストレッサーに対してどのように対処するかという意味である。ストレスフルな状況そのものを解決しようとする具体的な努力である「問題焦点型コーピング」と，問題によって生じた情動の調整を目的とした「情動焦点型コーピング」の 2 種類があると考えられている（小杉，2002）。ストレッサーに対してコーピングが行われても，認知的評定が不適切であったり，コーピングに失敗したりすると，ストレス反応が慢性化する可能性が高まる。

表 3　素因ストレスモデルから見た不適応の発生と持続

		ストレス	
		低い	高い
素因	低い	発生しない	発生しても持続しない
	高い	発生しても持続しない	発生して持続する

③素因ストレスモデル

　不適応のメカニズムには生物，心理，社会のすべての要素が関連するが，これらを統合する考え方の 1 つに素因ストレスモデルがある（丹野ら，2015）。これは，一定の生物学的素因や心理学的素因をもつ人が何らかの心理社会的ストレスを体験した場合に不適応が生じるとする考え方である。素因とストレスの関係は表 3 のようになっている。素因もストレスも低い場合，問題は生じない。素因かストレスのどちらかが高いと問題が生じやすくなるが持続しない。素因とストレスがともに高いと問題が持続してしまう。

　つまり，同じ弱いストレスを体験しても，素因の低い人は不適応が生じないが，素因の高い人には不適応が生じる可能性がある。強いストレスを体験すると素因の高低にかかわらず不適応が生じやすくなるが，その持続は素因によって異なる。

④不適応，ストレッサー，ストレス反応のアセスメント

　不適応やストレス反応は本人の苦痛そのものであり，社会的な不利益を生じさせる可能性も高い。したがって，予防や介入の必要性は理解されやすく，そのターゲットも明確になりやすいという理由から，心の健康よりもアセスメント法の開発が進んでいる。手法としては，面接法，観察法，生理学的測定法，質問紙法などが用いられている。

　小学生と高齢者では能力も生活環境も大きく異なるように，発達段階によりストレッサー，ストレス反応，コーピングは異なるため，各発達段階に合わせたアセスメント法が用いられるべきである。これらの詳細は本シリーズの別の書籍（たとえば，『健康・医療心理学』）で解説されているので参照してほしい。

4．ストレスと心身の不調

①心身症

　ストレス反応が強烈であったり慢性的であったりすると，ストレス性の精神障害や身体的疾病が生じる可能性が高まる。ストレス性の身体的疾病は心身症と呼ばれることもあり，関連する性格傾向や行動パターンには，アレキシサイミア（alexithymia）やタイプＡ行動パターン[注3]がある。最近では，心理的な回復力（レジリエンス）という概念を使ってストレス反応の個人差を検討する立場もある（石垣，2017）。

　臨床的には，ストレスが身体的疾病の原因あるいは増悪因子になるものは心身医学（心療内科）の対象であり，消化性潰瘍，各種アレルギー，心臓疾患，肥満，メタボリック・シンドローム（内臓脂肪症候群）などが注目されている。心身症に対しては，身体的疾病の医学的治療と並行して，ストレスに関連する不適応的な認知や行動を適応的なものに修正できるように支援すると，治療がより効果的になり，再発や再燃も予防することができると考えられている（鈴木，2008）。

②慢性的で重篤な身体疾患と心の健康

　がんや慢性的な内科疾患の患者，移植医療の対象者，脳外傷・脳血管障害の後遺症をもつ人のように，身体的疾病がストレッサーとなり長期にわたる苦痛が生じ，その心理的不安定さが身体や治療効果にも悪影響を及ぼすことがある。この場合も適応的なコーピングを患者が身につけることは重要だが，これらの患者は死への恐怖，人生に対する実存的不安，医療・医療者への強い不信感，障害受容の拒否，絶望感などを抱えていることも多い。また，患者の家族が看護や介護で大きなストレスを抱えていると，家族との相互作用によって患者が不安定になることもある（鈴木，2008）。したがって，こうした患者への心理学的支援では，

注3）アレキシサイミアは心身症になりやすい人の特徴を表す概念である。その特徴には，創造力や空想力が乏しく，自分の感情や葛藤を言語化することが難しい，事実の説明に感情が伴わない，などが含まれると考えられている（村上，2004）。タイプＡ行動パターンとは，つねに性急で，競争心が強く攻撃的，野心的，くつろぐことをしない，などを特徴とする性格と行動を表す。疲労に陥りやすく，心臓血管系をはじめとする心身症になりやすいと考えられている（成田，2004）。

認知行動療法，人間性心理学，家族療法などさまざまな方法が包括的に実施されなければならない。

③ストレスと精神障害

　精神医学の操作的診断基準の１つである DSM-5（American Psychiatric Association, 2013）の第 7 章は「心的外傷およびストレス因関連障害群」とされている。詳細は成書を参照してほしいが，表 2 の説明で挙げた適応障害はここに含まれる。適応障害とは，ストレス因により抑うつや不安が高まり，行動上の問題も生じて社会的活動が円滑にできなくなった不適応状態を指す。

　また，適応障害以外の精神障害の中で，これまで精神分析理論，学習理論，認知理論などで心理メカニズムが説明されてきたものには，不安症群（限局性恐怖症，社交不安症，パニック症，広場恐怖症，全般不安症などを含む），強迫症，解離症群（解離性同一症，解離性健忘，離人感・現実感消失症などを含む），身体症状症（病気不安症，変換症などを含む），などがある。

　一方，統合失調症スペクトラム障害，双極性障害，抑うつ障害群，食行動障害などの一部は，特定のストレスが発症や持続に関連しているかどうかは明確ではない。心理学的要因より生物学的要因の影響の方が強いと考えられている精神障害も多い。しかしながら，素因ストレスモデルに基づけば，素因が遺伝子のような生物学的要因だとしても，発症，再発，再燃のいずれかの段階において何らかのストレスが影響する。したがって，心理学的支援として，当事者にとって重要なストレッサーを同定したり，適切なコーピングを検討し当事者に獲得してもらったりすることは，すべての精神障害に対して重要である。

◆学習チェック表
☐　心の健康の概念を説明できる。
☐　不適応の理論を説明できる。
☐　ストレスとストレス反応について説明できる。
☐　ストレスと心身の疾病との関係を説明できる。

より深めるための推薦図書

　津田彰・大矢幸弘・丹野義彦編（2013）臨床ストレス心理学．東京大学出版会．
　　　初学者にはやや難しいと思われるが，最新の心理学的ストレス研究を，発達と心

身相関の両面から包括的かつ丁寧に解説している。

不適応理論の古典としては次のものが手に入りやすい。

フロイト Freud, S.（高橋義孝・下坂幸三訳）（1977）精神分析入門 上・下. 新潮社.

ワトソン Watson, J. B.（安田一郎訳）（2017）行動主義の心理学. ちとせプレス.

ベック Beck, A. T.（大野裕訳）（1990）認知療法—精神療法の新しい発展. 岩崎学術出版社.

文　献

American Psychiatric Association（2013）*Diagnostic and Statistical Manual of Mental Disorders, 5th Edition.* American Psychiatric Association.（高橋三郎・大野裕監訳（2014）DSM-5—精神疾患の診断・統計マニュアル. 医学書院）

林峻一郎編・訳, R・S・ラザルス講演（1990）ストレスとコーピング—ラザルス理論への招待. 星和書店, pp.85-94.

堀洋道監修・松井豊編（2001）心理測定尺度集Ⅲ—心の健康をはかる〈適応・臨床〉. サイエンス社, pp.90-93.

石垣琢麿（2013）不適応. In：藤永保監修：最新心理学事典. 平凡社, pp.669-672.

石垣琢麿（2017）レジリエンス—予防と健康生成のために. 臨床心理学, 17; 603-606.

越川房子（1999）人間性心理学. In：中島義明・安藤清志・子安増生ほか編：心理学辞典. 有斐閣, pp.660-661.

小杉正太郎編著（2002）ストレス心理学—個人差のプロセスとコーピング. 川島書店.

村上嘉津子（2004）アレキシサイミア. In：氏原寛・亀口憲治・成田善弘ほか編：心理臨床大事典. 培風館, pp.878-879.

成田善弘（2004）心身症. In：氏原寛・亀口憲治・成田善弘ほか編：心理臨床大事典. 培風館, pp.772-776.

大熊輝雄原著・「現代臨床精神医学」第 12 版改訂委員会編（2013）現代臨床精神医学. 金原出版, p.3.

下山晴彦（2002）臨床心理学における異常心理学の役割. In：下山晴彦・丹野義彦編：講座臨床心理学 第 3 巻 異常心理学Ⅰ. 東京大学出版会, pp.21-40.

鈴木伸一編（2008）医療心理学の新展開—チーム医療に活かす心理学の最前線. 北大路書房.

丹野義彦（2009）心の不適応—臨床心理学入門. In：繁桝算男・丹野義彦監修：心理学の謎を解く—初めての心理学講義. 医学出版, pp.130-136.

丹野義彦・石垣琢麿・毛利伊吹ほか（2015）臨床心理学. 有斐閣, pp.14-15.

VandenBos, G. R. (Ed.)（2007）*APA Dictionary of Psychology.* American Psychiatric Association.（繁桝算男・四本裕子監訳（2013）APA 心理学大辞典. 培風館, p.781.）

索　引

付録
大学及び大学院における必要な科目

○大学における必要な科目
A．心理学基礎科目
①公認心理師の職責
②心理学概論
③臨床心理学概論
④心理学研究法
⑤心理学統計法
⑥心理学実験
B．心理学発展科目
（基礎心理学）
⑦知覚・認知心理学
⑧学習・言語心理学
⑨感情・人格心理学
⑩神経・生理心理学
⑪社会・集団・家族心理学
⑫発達心理学
⑬障害者（児）心理学
⑭心理的アセスメント
⑮心理学的支援法
（実践心理学）
⑯健康・医療心理学
⑰福祉心理学
⑱教育・学校心理学
⑲司法・犯罪心理学
⑳産業・組織心理学
（心理学関連科目）
㉑人体の構造と機能及び疾病
㉒精神疾患とその治療
㉓関係行政論
C．実習演習科目
㉔心理演習
㉕心理実習（80 時間以上）

○大学院における必要な科目
A．心理実践科目
①保健医療分野に関する理論と支援の展開
②福祉分野に関する理論と支援の展開
③教育分野に関する理論と支援の展開
④司法・犯罪分野に関する理論と支援の展開
⑤産業・労働分野に関する理論と支援の展開
⑥心理的アセスメントに関する理論と実践
⑦心理支援に関する理論と実践

⑧家族関係・集団・地域社会における心理支援
　に関する理論と実践
⑨心の健康教育に関する理論と実践
B．実習科目
⑩心理実践実習（450 時間以上）
※「A．心理学基礎科目」，「B．心理学発展科
　目」，「基礎心理学」，「実践心理学」，「心理学
　関連科目」の分類方法については，上記とは
　異なる分類の仕方もありうる。

○大学における必要な科目に含まれる事項
A．心理学基礎科目
①「公認心理師の職責」に含まれる事項
　1．公認心理師の役割
　2．公認心理師の法的義務及び倫理
　3．心理に関する支援を要する者等の安全の確保
　4．情報の適切な取扱い
　5．保健医療，福祉，教育その他の分野における
　　公認心理師の具体的な業務
　6．自己課題発見・解決能力
　7．生涯学習への準備
　8．多職種連携及び地域連携
②「心理学概論」に含まれる事項
　1．心理学の成り立ち
　2．人の心の基本的な仕組み及び働き
③「臨床心理学概論」に含まれる事項
　1．臨床心理学の成り立ち
　2．臨床心理学の代表的な理論
④「心理学研究法」に含まれる事項
　1．心理学における実証的研究法（量的研究及び
　　質的研究）
　2．データを用いた実証的な思考方法
　3．研究における倫理
⑤「心理学統計法」に含まれる事項
　1．心理学で用いられる統計手法
　2．統計に関する基礎的な知識
⑥「心理学実験」に含まれる事項
　1．実験の計画立案
　2．統計に関する基礎的な知識
B．心理学発展科目
（基礎心理学）
⑦「知覚・認知心理学」に含まれる事項
　1．人の感覚・知覚等の機序及びその障害
　2．人の認知・思考等の機序及びその障害
⑧「学習・言語心理学」に含まれる事項
　1．人の行動が変化する過程

2. 言語の習得における機序

⑨ 「感情・人格心理学」に含まれる事項
1. 感情に関する理論及び感情喚起の機序
2. 感情が行動に及ぼす影響
3. 人格の概念及び形成過程
4. 人格の類型，特性等

⑩ 「神経・生理心理学」に含まれる事項
1. 脳神経系の構造及び機能
2. 記憶，感情等の生理学的反応の機序
3. 高次脳機能障害の概要

⑪ 「社会・集団・家族心理学」に含まれる事項
1. 対人関係並びに集団における人の意識及び行動についての心の過程
2. 人の態度及び行動
3. 家族，集団及び文化が個人に及ぼす影響

⑫ 「発達心理学」に含まれる事項
1. 認知機能の発達及び感情・社会性の発達
2. 自己と他者の関係の在り方と心理的発達
3. 誕生から死に至るまでの生涯における心身の発達
4. 発達障害等非定型発達についての基礎的な知識及び考え方
5. 高齢者の心理

⑬ 「障害者（児）心理学」に含まれる事項
1. 身体障害，知的障害及び精神障害の概要
2. 障害者（児）の心理社会的課題及び必要な支援

⑭ 「心理的アセスメント」に含まれる事項
1. 心理的アセスメントの目的及び倫理
2. 心理的アセスメントの観点及び展開
3. 心理的アセスメントの方法（観察，面接及び心理検査）
4. 適切な記録及び報告

⑮ 「心理学的支援法」に含まれる事項
1. 代表的な心理療法並びにカウンセリングの歴史，概念，意義，適応及び限界
2. 訪問による支援や地域支援の意義
3. 良好な人間関係を築くためのコミュニケーションの方法
4. プライバシーへの配慮
5. 心理に関する支援を要する者の関係者に対する支援
6. 心の健康教育

（実践心理学）
⑯ 「健康・医療心理学」に含まれる事項
1. ストレスと心身の疾病との関係

2. 医療現場における心理社会的課題及び必要な支援
3. 保健活動が行われている現場における心理社会的課題及び必要な支援
4. 災害時等に必要な心理に関する支援

⑰ 「福祉心理学」に含まれる事項
1. 福祉現場において生じる問題及びその背景
2. 福祉現場における心理社会的課題及び必要な支援
3. 虐待についての基本的知識

⑱ 「教育・学校心理学」に含まれる事項
1. 教育現場において生じる問題及びその背景
2. 教育現場における心理社会的課題及び必要な支援

⑲ 「司法・犯罪心理学」に含まれる事項
1. 犯罪・非行，犯罪被害及び家事事件についての基本的知識
2. 司法・犯罪分野における問題に対して必要な心理に関する支援

⑳ 「産業・組織心理学」に含まれる事項
1. 職場における問題（キャリア形成に関することを含む。）に対して必要な心理に関する支援
2. 組織における人の行動

（心理学関連科目）
㉑ 「人体の構造と機能及び疾病」に含まれる事項
1. 心身機能と身体構造及びさまざまな疾病や障害
2. がん，難病等の心理に関する支援が必要な主な疾病

㉒ 「精神疾患とその治療」に含まれる事項
1. 精神疾患総論（代表的な精神疾患についての成因，症状，診断法，治療法，経過，本人や家族への支援を含む。）
2. 向精神薬をはじめとする薬剤による心身の変化
3. 医療機関との連携

㉓ 「関係行政論」に含まれる事項
1. 保健医療分野に関係する法律，制度
2. 福祉分野に関係する法律，制度
3. 教育分野に関係する法律，制度
4. 司法・犯罪分野に関係する法律，制度
5. 産業・労働分野に関係する法律，制度

㉔ 「心理演習」に含まれる事項
（略）

㉕ 「心理実習」に含まれる事項
（略）

執筆者一覧

繁桝算男（しげますかずお：東京大学名誉教授，慶應義塾大学訪問教授）＝編者

サトウタツヤ（佐藤達哉：立命館大学総合心理学部）
髙瀨堅吉（たかせけんきち：自治医科大学医学部／医学研究科）
村上郁也（むらかみいくや：東京大学大学院人文社会系研究科）
澤　幸祐（さわこうすけ：専修大学人間科学部）
川口　潤（かわぐちじゅん：名古屋大学大学院情報学研究科）
山　祐嗣（やまひろし：大阪市立大学大学院文学研究科）
中村　真（なかむらまこと：宇都宮大学国際学部）
敷島千鶴（しきしまちづる：帝京大学文学部）
小塩真司（おしおあつし：早稲田大学文学学術院）
上原　泉（うえはらいずみ：お茶の水女子大学人間発達教育科学研究所）
村本由紀子（むらもとゆきこ：東京大学大学院人文社会系研究科）
石垣琢麿（いしがきたくま：東京大学大学院総合文化研究科・駒場学生相談所）

監修　野島一彦（のじまかずひこ：九州大学名誉教授・跡見学園女子大学）
　　　繁桝算男（しげますかずお：東京大学名誉教授・慶應義塾大学訪問教授）

編者略歴
繁桝　算男（しげます・かずお）
1946 年生まれ。
東京大学名誉教授，慶應義塾大学訪問教授。
1974 年，アイオワ大学大学院修了（Ph. D.）。

主な著書：『後悔しない意思決定』（岩波書店，2007），『意思決定の認知統計学』（朝倉書店，
　　　1995），『ベイズ統計入門』（東京大学出版会，1985）ほか

公認心理師の基礎と実践②　［第 2 巻］
心理学概論

2018 年 3 月 25 日　初版発行
2018 年 4 月 10 日　　2 刷発行

監 修 者　野島一彦・繁桝算男
編　　者　繁桝算男
発 行 人　山内俊介
発 行 所　遠見書房
製作協力　ちとせプレス（http://chitosepress.com）

遠見書房

〒 181-0002 東京都三鷹市牟礼 6-24-12
三鷹ナショナルコート 004
TEL 050-3735-8185　FAX 050-3488-3894
tomi@tomishobo.com　http://tomishobo.com
郵便振替　00120-4-585728

印刷　太平印刷社・製本　井上製本所
ISBN978-4-86616-052-8　C3011